U1008330

大学英语教学改革的多元视角探索

孙海珊　著

全国百佳图书出版单位　吉林出版集团股份有限公司

图书在版编目（CIP）数据

大学英语教学改革的多元视角探索 / 孙海珊著. --
长春：吉林出版集团股份有限公司，2022. 10（2023. 9 重印）
ISBN 978-7-5731-2657-3

Ⅰ. ①大… Ⅱ. ①孙… Ⅲ. ①英语-教学改革-研究
-高等学校 Ⅳ. ①H319. 1

中国版本图书馆 CIP 数据核字（2022）第 195293 号

DAXUE YINGYU JIAOXUE GAIGE DE DUOYUAN SHIJIAO TANSUO
大学英语教学改革的多元视角探索

著：孙海珊
责任编辑：朱 玲
封面设计：雅硕图文
开 本：720mm×1000mm 1/16
字 数：200 千字
印 张：11
版 次：2022 年 10 月第 1 版
印 次：2023 年 9 月第 2 次印刷

出 版：吉林出版集团股份有限公司
发 行：吉林出版集团外语教育有限公司
地 址：长春市福祉大路 5788 号龙腾国际大厦 B 座 7 层
电 话：总编办：0431-81629929
印 刷：涿州汇美亿浓印刷有限公司

ISBN 978-7-5731-2657-3 定 价：62. 00 元
版权所有 侵权必究 举报电话：0431-81629929

前　言

英语是一种重要的信息载体，在人类生活的各个领域中发挥着不可或缺的作用。大学英语是高等学校的必修科目之一，是帮助大学生掌握英语技能，提高人文素养的一门基础性课程。随着经济一体化的进一步推进以及科技的迅猛发展，各国间的交流与日俱增，英语作为国际性通用语言，已经成为各国之间相互交流的桥梁。英语能力已成为衡量人才的一项重要标准，社会对英语人才的要求也从理论型、单一型向应用型、复合型以及国际型转换。

中国的英语教育自出现之时便受到高度的重视，学生们在英语的学习上也付出了很多的努力，但是纵观当前的英语教学，其中存在的问题也非常多：教育的目标有所偏离，教师过于强调英语语言基础知识的传授，忽视了学生英语应用技能的培养，应试教育倾向明显；在课堂教学中，教学方式单调乏味，并且教师不注重教学情境的建构；教学手段比较单一，不够新颖，无法有效激发出学生的学习兴趣；教学理论与教学实践相分离，教学理论不能有效指导教学实践等。这些问题不仅不利于大学英语教学目标的顺利达成，也阻碍了大学英语教学的进一步发展。

在信息发展极为迅速的当下，学生也有着海量的网络教学资源可以选择，慕课、网易公开课、在线教育、移动图书馆等教育教学资源触手可及。资源的丰富性和可获得性对传统教学方式产生了极大的冲击。传统的教学方式使得教师无法充分发挥资源优势，如何提高英语教学的效果成了当前亟待解决的首要问题。大学英语教学应顺应时代的潮流，开展多元化教学，改善目前的教学状况，提高教学的效率，培养学生的英语综合能力。高校的教师们必须及时地转变自己的思路，迎合时代的发展及人们对英语的更高要求，不断学习、突破自我、不断革新自己的教学理论与方法，只有这样才能不断提升自己的教学能力。

本书从多元化的视角出发对大学英语教学改革进行了深入探索。论述了大学英语教学的理论基础、英语教学的原则、英语教学的基本方法、英语教学的改革背景与对策；重点探讨了基于语言学的大学英语教学探索、计算机辅助下的英语教学探索、内容语言融合视角下的英语教学探索、跨文化交际背景下的英语教学探索、自主学习背景下的英语教学探索、新媒体环境下的英语教学探索；最后论述了英语教师专业发展的实现模式、高校英语师资建设、信息化时代英语教师的发展性评价。

本书在写作过程中得到了相关领导的支持和鼓励，在此表示感谢！在写作过程中，作者广泛参考、吸收了国内外众多学者的研究成果和实际工作者的经验，在此，对本书所借鉴的参考文献的作者、对写作过程中提供帮助的单位和个人致以衷心的感谢！同时，有些参考的资料由于无法确定来源和作者，因此没有在参考文献中列出，为此表示深深的歉意。在写作本书时，得益于许多同人前辈的研究成果，既受益匪浅，也深感自身所存在的不足，对此希望广大读者与专家、学者予以谅解，并提出自己的宝贵意见，以便修改完善。

目　录

第一章　大学英语教学概述

随着社会的发展、科技的进步，人们学习英语的热情越来越高涨。英语是世界通用语言，其在国与国的交往中发挥着重要作用。大学英语教学是高等教育的重要组成部分，其目的是提升学生的英语综合能力，使学生将英语用于日后的跨文化交际，本章对大学英语教学的基础知识进行了简要论述。

第一节　英语教学的理论基础

众所周知，语言学是一门与人们生活息息相关的学科，这门学科的主要内容就是研究语言的规律、语言与文化等因素的联系等。英语是一门在亚洲等地应用相对比较广泛的语言，因而人们在研究英语教育时也需要研究和探讨语言学的相关理论，因为这些理论是语言研究的基础，人们只有更好地把握语言的发展规律以及使用规律，人们才能够更好地把握英语教育的各项教学规律。

一、社会语言学理论

社会语言学这门学科是一门交叉学科，它兴起于20世纪20年代左右，其主要就是探讨在人类的发展过程中语言和社会之间存在的各种关系以及联系等，从而使语言更好地为社会的发展服务。需要强调的是，社会语言学的研究内容十分广泛，它在研究时会应用到很多领域的学科知识，如人类学以及交际学知识。不同的学者根据不同的标准对社会语言学进行了分类，这里我们主要是根据社会语言学的研究对象不同进行分类，它具体可以分为两种不同的社会语言学：第一种就是微观的社会语言学，其主要关注的是微观的因素与语言发展之间的关系，如性别、民族等；第二种就是宏观的社会语言学，其主要关注的就是语言发展过程中的宏观影响因素，如语言的相关政策、教育等。

目前，我国很多学校开展了多种外语的教学，如英语教学、英语教学以及日语教学等。通过分析这些外语教学实践可以发现，我国的外语教学在实践中受到社会语言学理论的影响比较大。具体分析而言，在社会语言学的相关理论中强调，人们的语言习得具有一定的社会性，因而人们在学习某一种语言时应该注重这门语言的交际以及应用，这体现在外语教学中就是教师要多为学生提供语言练习和锻炼的机会，从而使学生真正地掌握这门语言。基于社会语言学相关理论的启示，在具体的英语教育中，英语教师一定要重视为学生提供锻炼英语的机会，教师也可以为学生创设真实的英语应用语境，从而锻炼和增强学生的英语应用能力，使学生在社会中也可以很好地应用英语这门语言。

二、应用语言学理论

应用语言学也是一门相对比较新颖的语言学交叉学科，它的研究内容涉及的领域也很广泛。也就是说，学者在研究应用语言学的过程中需要学习和掌握多种不同学科领域的知识，如教育学相关知识、心理学相关知识以及信息论有关的知识等。应用语言学的研究主要包括如下几个方面的内容：第一个方面，学科建设；第二个方面，语言教学；第三个方面，语言规划；第四个方面，语言本体等。可见应用语言学的研究的具有重要的现实意义，它可以很好地指导人们在生产实践中恰当地运用各种语言，从而推动社会平稳的发展。从整体上进行分析，应用语言学实际上就是研究语言在各种不同领域中具体应用的问题，因而其现实意义重大。随着人们对语言学理论研究的深入，人们开始不断地拓宽应用语言学的研究范围，从而丰富了应用语言学的内容，使其更好地为社会以及文化的发展服务。

三、建构主义学习理论

建构主义学习理论内容十分丰富，它对现代教育理念具有重要的指导意义。在建构主义的学习理论中，学生才是学习的主体和主人，教师在学生学习的过程中只是起到引导和辅助的作用。总而言之，人们可以从如下几个方面来分析和理解建构主义学习理论的相关内容。

第一，学习应该以学习者为主体，在学习的过程中，学习者才是学习的主体，他们才是意义知识的建构者，他们在学习中发挥着十分重要的作用，而教师在学习的过程中只是起到引导和鼓励的作用。因而在实际的教学中，教师应该改变传统以教师为中心的教学模式，而是坚持做到以学生为中心；第二，在具体的教学中，教师应该重视情境的重要意义。众所周知，任何学习过程都是在一定的情境中发生，因而学习者也需要在一定的情境中建构自己的知识，并且牢固地掌握相应的知识；第三，教学中要不断加强教师与学生、学生与学生之间的沟通和交流。在建构主义的学习理论中，教师和学生之间应该增强互动，这样教师才能够及时地了解学生的具体学习情况，学生才能够获得教师及时的帮助和指导等。也就是说，不同的认知主体之间都应该加强互动，从而提升教师的教学质量以及学生的学习效率；第四，教师在教学中要重视学习环境的构建。当学生所处的学习环境发生变化时，学生的心境以及学习效率等都会产生一定的变化，因而教学中教师一定要为学生创设有利于学习的学习环境；第五，在实际的教学中，教师要为学生的学习提供多样化的辅助资料，从而帮助学生更好地开展自主学习，提升学生的自主学习能力，这能够为学生的日后学习打下坚实的基础。

建构主义学习理论可以对现有的英语教育模式产生积极的影响，这就要求在英语教育中，教师一定要确立学生的学习主体地位，并且在具体的英语教学中应用发现教学模式、探究教学模式以及合作教学模式，从而激发每个学生的英语学习兴趣。此外，在英语教学中，教师要尽可能地为学生创设一定的英语应用情境，使学生在真实的语境中练习英语，这样有利于学生的意义建构。

四、教育信息化理论

（一）教育信息化的背景

教育信息化是现代教育发展的大趋势，2000 年之后，我国开始了教育信息化的建设工作。最初，教育信息化与通信技术密切相关，教育信息化的实现就是以通信技术为基础的。上海师范大学黎加厚教授曾经这样阐释教育信息化：现代信息技术的发展对教育领域造成了极大冲击，将现代信息技术应用于教育之中，无疑使原本的教育观念、环境、模式、方法等发生了改变，信息化成为教育的重要特征。教育信息化是将整个教育事业推向现代化之路的大工程，其绝不等同于教育的计算机化，计算机只是教育信息化的一个工具。

今天，信息技术在教育领域的应用已经十分普遍，人们对于教育信息化也不再陌生，教育信息化是一个系统工程，其基础在于用信息的观点对教育系统中的信息加以分析，而后，便可以将信息技术广泛应用于教育实践之中。应用的过程需要明确几点：一是注重信息处理设备的完善；二是借助各种成熟的信息技术，如通信技术、计算机技术；三是致力于教育信息资源的建设，如数字图书馆、教育网站；四是促进教师与学生信息素养的提升；五是改变传统的教学管理模式，实现自动化的教学管理。

总而言之，教育信息化是信息社会背景下诞生的一种新的教育模式，这一模式的内涵就是信息技术在教育系统中的科学合理应用。教育信息化不但能够升级学生的学习方式，如数字化学习、网络化学习，还能切实提高教学效果，促进教育事业的繁荣。

（二）教育信息化的特点和实现途径

1. 教育信息化的特点

（1）信息处理数字化

数字化与信息化相伴而生，教育信息化的发展使得教育信息的处理也实现了数字化的转变，借助各种性能可靠、集成度高的数字化设备，大量的教育信息得以高保真度地存贮下来，教育信息的处理速度也有了大幅提升。

（2）信息传输的立体化

以往的教育信息传输存在各种弊端，在信息技术的支持下，教育信息资源轻松地实现了师生共享，教师可以将教育信息上传到网络平台，学生通过登录账号的方式获取这些教育信息。立体化的信息传输还使原本繁杂、零散的教育信息以一种系统的方式传输出来，高效的传输网络由此形成。同时，教育活动的开展在极大程度上突破了时空限制，教学不必非在课堂中进行，学生在家中就可以接收到教学信息。

（3）信息系统的智能化

早期的信息系统受制于固定程序，借助人工智能技术，智能化的教育信息系统被开发出来。教师一部分重复而繁杂的脑力劳动可以由智能教育信息系统替代，这无疑提高了教学效率。

（4）信息呈现多媒体化

教育信息的呈现形式影响着学生对教育信息的吸收，教育信息化背景下，以往单一的信息呈现形式朝着多媒体化方向发展。枯燥乏味的知识通过生动形象的方式呈现在学生面前，学生的学习兴趣大大提高。

（5）学生地位主体化

长期以来，学生在教学活动中扮演着被动接受者的角色，这种被动接受式的学习方式甚至让学生忽视了自己才是学习的主人。信息化的教学改变了这种情况，学生可以通过智能教育信息系统主动获取所需的知识，还可以就自学过程中存在的问题在网络平台与教师、同学探讨。

第二节　英语教学的原则

一、凸显学生的中心地位

在大学英语教学中，以学生为中心是首要的原则。具体来说，以学生为中心就是教师所有的教学活动都应当以学生的学为前提，时刻关注学生的学习情况，所有的学习任务紧紧围绕学生来安排。要做到这一点，教师应当首先对学生的学习需求与心理状态进行充分的了解，在此基础上合理安排教学计划，选择科学的教学方法，以满足学生的学习需求。

具体来说，以学生为中心要求教师做到以下几点：

1. 教材分析要以学生为中心

教师在分析教材时，应当对教学内容进行充分的理解与把握，并根据学生的实际学习情况对教学目标及教学任务进行合理的调整；同时，教师应当在把握学生实际需求的基础上，对教材的内容与活动进行各种有效的处理，以使教材真正与学生的学习需求相挂钩，从而更好地为教学活动服务。

2. 教学方法和手段的选择要以学生为中心

教师在开展英语教学活动时，应当重视教学方法和手段的选择，紧紧围绕学生这个中心来选取。一般来说，直观教学法能够使学生对语言形成直接的感受与理解，进而有效地激发学生的兴趣，对于学生记忆的强化作用是非常明显的。形象化教学法则可以使学生的直觉思维得到很好的调动，在实际教学中，教师可以借助多媒体来达到满足学生好奇心的效果，使学生积极参与课堂教学。

3. 教学活动的设计与组织要以学生为中心

在设计与准备教学活动的时候，教师应当首先对学生的特点、知识掌握情况、学习兴趣等方面进行充分的了解与把握，这样才能使教学活动适合学生的学习特点，满足学生的多元化学习需求，进而促进教学目标的顺利达成。

二、灵活多样原则

1. 灵活多样的课程设置

在长期以来的大学英语教学中，教师往往处于中心位置，学生的个性差异与个体需求都没有得到足够的重视，形成了英语必修课主导的局面，这在很大程度上限制了英语教学水平的提升。实际上，大学英语教学仅仅依靠必修课的形式来开展是远远不够的，除此以外，还应当以选修课为辅助，在课程的设置上注重灵活性与多样性，才能充分满足学生的个性化需求，进而促进学生英语综合能力的提升。

因此，在大学英语教学中应该开设多种形式的选修课，如英美文学选读、英美社会与文化等，这些选修课应当在所有的年级都开设。在教学模式上，主要采用任务型教学，通过多元化的手段使学生更多地了解英语国家的文化背景知识。在选修课程时，要给予学生充分的自主权，使学生根据自身的兴趣与需求加以选择。

开设形式多样的英语选修课，对于学生来说是一种非常好的提升英语能力的方式。同必修课相比，选修课更具有趣味性、实践性与探索性，因此更能够激发学生的学习兴趣。必修课与选修课之间相辅相成，缺一不可，共同促进学生英语综合能力与英语教学水平的提升。

2. 灵活多样的教学模式

随着信息技术的飞速发展，多媒体辅助教学已经成为大学英语教学的一种重要形式。在多媒体的辅助之下，英语教学突破了传统的以教师讲授为主的单一的教学模式，实现了传统的课堂教学与网络教学的有机结合，这是对英语个性化教学模式的一种崭新的探索。多媒体的辅助，不仅在极大程度上使英语教学突破了时间与空间的限制，使教学内容与教学形式呈现多元化发展的趋势，而且，教师也可以利用多媒体针对学生的实际需求制定针对性的教学计划，并为学生提供丰富的教学资源，使学生沉浸在一种多维的英语教学环境之中，从而充分融入英语教学活动之中，发挥自身的主观能动性，不断促进英语学习水平的提升。

在英语多媒体教学模式中，学生的角色较以往发生了很大的改变。在整个教学过程中，学生自主地对学习任务进行设计，并积极参与学习活动，与他人进行合作学习，最后对自己的学习情况做出评价。教师则主要是对学生进行指导与帮助，教会学生有效的学习方法，培养学生自主学习的能力，从而使学生的自主性与创造性得到充分的发挥。事实证明，这种崭新的教学模式有效地培养了学生的主动学习能力、英语综合能力，并促进了学生创新意识的形成，使学生的学习个性得到了充分的展现。

3. 灵活多样的课堂活动

在大学英语教学中，课堂交互活动的影响力是不容忽视的。因此，教师应当重视为学生创设灵活多样的课堂活动。在创设活动时，教师要充分考虑学生的学习特点与学习水平，力图使课堂活动最大限度地满足学生的多样化需求。英语课堂教学具有非常强的实践性，因此学生所掌握的英语语言最终也是应用于实践之中，所以，教师应在重视学生课堂听课的同时，为学生创设灵活多样的课堂活动，强化学生的课堂实践。

英语课堂活动的形式不拘一格，可以是大班活动，也可以是小组活动，还可以是对子活动。学生通过参与活动，使自己已经输入的英语语言知识在课堂活动中得到输出，从而将英语语言的输入与输出有机地统一起来，进而促进学生英语应用能力的提升。多样化课堂活动的创设不仅将英语教学的各个部分有机地结合起来，使学生更快、更好地掌握英语知识和技能，而且能够在很大程度上促进学生思维的发展，培养学生的创新意识与自主学习能力。

4. 灵活多样的评价方式

在大学英语教学中，对学生进行评价时也应当重视评价方式的灵活多样。具体来说，应当将学生对于英语语言知识与技能的实际应用情况作为评价的重点，既重视对学生学习过程的评价，又重视对学生学习结果的评价，使形成性评价与终结性评价有机地统一起来。在评价时，不应单纯以教师的评价为依据，除以之外，还要关注小组评价、他人评价以及学生的自我评价，形成一种开放的、多层面的评价体系。这样的评价方式能够为学生创造一种宽松、民主的学习氛围，进而促进学生学习能力的提升。

在英语学习的考核方面，教师也应当重视多样化方法的运用。除了采用传统的笔试与闭卷考试之外，还要结合面试以及开卷考试，来对学生的知识掌握情况进行全面的了解。由于英语是一门语言学科，因此，相对而言，采用面试考核的形式是一种非常好的方法，在实际操作中，应根据实际情况进行灵活的变通，可以让学生自己陈述，也可以两人为一组进行对话，还可以采用多人对话的形式。总而言之，在考核形式的应用上，教师要根据具体的情况进行灵活的选择。

除此以外，教师在进行命题的时候，仍然要注意灵活多样。通常来说，在题型的设置上要全面一些，考核的内容应当覆盖所学的知识点，并且侧重于主观题的考核，目的就在于为学生提供更多的展现自己的机会，使学生的思维得到充分的扩散。

综上所述，灵活多样的原则对于英语教学来说具有非常重要的意义，在教学中坚持这一原则不仅能够有效地提升英语教学水平，而且能够培养学生的综合学习能力，因此，英语教师对于这一原则应给予足够的重视。

三、交际性原则

英语是一门实践性较强的工具性学科，因此其教学的根本目标就是培养学生运用英语进行交际的能力，所以大学英语教学的开展应当遵循交际性原则。通常来说，在大学英语教学中教师应当重视以下几个方面。

1. 重视英语教学的交际工具作用

英语是一种进行语言交际的重要工具，教师在英语教学中应当重视其作为交际工具的作用。从根本上来说，英语教学就是要使学生了解并且掌握英语这种交际工具。具体来分析的话，在英语教学中，教师的教学应当将交际性作为教学目的，学生的学习也应当将交际性作为学习目的。在课堂上，教学活动应当重视对学生的英语语言进行反复训练，以促进学生英语交际能力的提升。

由于中国学生长期处于母语环境之中，缺乏英语使用的真实情境，这会在一定程度上限制学生英语语言能力的发展。因此，在大学英语教学中，教师应当积极为学生创造使用英语进行交流的机会。具体来说，教师可以运用各种教学辅助工具，创设一定的英语情境，使学生融入情境之中，用英语进行交际。这不仅能够激发学生的参与兴趣，也能够有效地提升学生的英语语言应用能力。

2. 重视语言教学的生活性

从根本上来说，大学英语教学最终是为学生的生活而服务的，所以教学中应当对生活性给予足够的关注。具体来说，教师在教学过程中，可以选择一些学生日常生活种比较感兴趣的内容同教学内容结合在一起，吸引学生的注意力，从而激发学生参与英语学习的兴趣，促进学生英语水平的提升。

四、真实性原则

所谓真实性原则，是指大学英语教学应当体现出英语真实的使用环境。这一原则要求英语教师在对教学内容进行设计的时候，充分考虑英语国家的社会文化与交际情境，以使学生获得更多的使用英语的真实环境。

具体来说，在教学中，教师将对学生的英语综合能力培养作为总体的目标，运用任务教学法与交际教学法开展各种教学活动，为学生创造各种使用英语的交际情境，促进学生英语能力的提升。在教学中，教师通常需要注意以下几点。

1. 把握真实语言运用目的

语言交际总是伴随着一定的目的来进行的，要从根本上提升学生的参与性，提升学生的语言运用意识与能力，最根本的是要把握真实的语言运用目的。

2. 采用语用真实的教学内容

语言教学同其他学科相比，具有自身的特殊性，英语教学自然也是如此。因此，在英语教学中，教师应当重视采用真实的教学内容。除了要对教材的内容进行充分的讲解之外，教师还要选取一些相关的语言材料加以讲解。

五、输入优先原则

在大学英语教学中，应当遵循输入优先的原则。输入与输出，指的是学生通过听与读的方式来接触英语语言，获得英语知识，并且通过说与写的形式将语言表达出来。通常来说，学生所输入的语言量越大、质量越好，最终输出的内容也就越好。所以说，英语的输入是输入的前提与基础。

一是可理解性。这里所说的可理解性指的是对于所输入的语言材料的理解。

二是趣味性与恰当性。这一特点要求学习者在对语言材料进行输入的同时产生兴趣。

三是要保证足够的输入量。对于外语教学来说，这一点是非常重要的，但是就当前而言，其所引起的重视度并不高。

在大学英语教学中，教师要坚持输入优先的原则，应当重点关注以下几点内容。

其一，在输入内容与形式方面要注重多样化。内容可以来自各种材料，形式可以是文字、图像，也可以是音频、视频等。

其二，教师要综合运用多种手段，为学生提供更多的接触英语的机会，不断增加学生的可理解语言输入，与此同时，教师还应当突破课堂教学的限制，引导学生在课外时间通过多种形式开展英语语言的学习，从而扩大学生的英语语言学习范围，增加语言输入，进而促进英语能力的提升。

其三，重视学生理解能力的培养。在为学生提供英语语言学习材料的时候，应当充分考虑学生的实际学习需求，并且注重学习内容与形式的可理解性与趣味性。对学生输入的英语语言材料应当与学生自身的学习水平相一致，重视学生对输入材料的理解，而对于学生的输出情况则不必做过多的要求。从教学方法的角度来说，这也是一种坚持输入优先原则的表现。但是，需要注意的是，单纯依靠语言输入很难从根本上促进学生英语综合能力的提升，除此以外，说英语与写英语也是非常重要的。

其四，鼓励学生进行语言模仿。但是，需要强调模仿的有效性，重在对生活中的真实情景进行模仿，并且应当与语言结构所表达的具体内容给予更多的关注。也就是说，让学生进行语言模仿的最好方式就是鼓励学生在具体的情境中对所模仿的语言进行使用。

六、兴趣性原则

众所周知，无论学习什么知识，兴趣都是最好的老师，兴趣可以促使学生进一步学习和深入了解某个领域的知识以及技巧等，从而使学生可以扎实地掌握并且熟练地运用某个领域的知识以及技能等。也即是说，在实际的教学中，兴趣是学生学习十分重要的影响因素，如果学生对英语不感兴趣，那么教师的教学活动效率就会非常低。因而在英语教学中，教师一定要采取必要的措施来提升学生的英语学习兴趣，从而使每个学生在课堂中都可以认真地听教师讲授英语的理论知识等，并且努力在一定的环境中运用英语这门语言，从而发挥语言学习的价值。

第一，英语教师在实际的教学中要为学生创设一定的英语使用环境，这样才可以使学生勤奋地练习学习的英语知识等，否则很多学生虽然已经学习了很长时间的英语理论知识，他们却几乎没有机会使用和练习这些英语理论知识，这样学生的英语学习也难以取得理想的学习效果。对于我国的大多数学生而言，他们的母语是汉语，因而他们在学习英语时往往只能够依靠教材以及教师等，因而他们的学习途径十分有限，他们几乎没有办法在生活和学习中与他人运用英语进行沟通和交流，这也导致了学生的英语缺乏必要的语言学习环境。这也对学校的英语教师提出了较高的要求，即英语教师一定要想尽办法为学生创设良好的英语学习环境，这样才可以使学生在一定的英语语境中运用语言，并且寻找自身的问题。众所周知，学生在英语的课堂中学习的理论知识具有较强的专业性，而且有些英语专业知识并不能很好地应用到实践中，因而英语教师一定要重视语言学习环境的创设，引导学生在真实的环境中运用语言，并且学会用英语解决学生现实生活中遇到的实际问题，提升学生的问题解决能力，这也能够在一定的程度上提升学生的英语运用能力。

在具体的英语教学实践中，教师可以采用如下三种不同的方式来为学生创设英语学习的语境：第一种方式就是教师采用模像直观的方式为学生创设英语语境，第二种方式就是教师在课堂的教学中采用语言直观的方式来创设英语的语境，第三种方式就是教师配合学校不断地优化和完善学校现有的教学环境以及教学条件，从而为学生创设更加便利的英语学习环境以及学校条件。事实上，学校的英语硬件设施建设十分重要，它能够为学生创设更加优质的学习环境，大幅度提升整体学生的英语学习水平。

所谓模像直观具体就是指在英语教学中，教师充分地运用各种模像来提升学生学习的直观性，这些手段非常多样，如图片、图表以及录像等。众所周知，在具体的英语教学中，教师有时会讲授一些抽象的理论知识，这个时候教师就需要借助于一些直观的方式来加深学生的理解，为学生的理解提供便利，模像直观就是一个很好的方式。例如，在西方文化的教学中，教师就可以借助于视频资料或者音频资料等让学生观看或者收听相应的资料，从而帮助学生更好地理解这些不同的文化背景知识等。需要强调的是，在英语教学中，教师可以运用实物直观来激发学生的英语学习兴趣，然后实物直观的应用范围有限，它会受到很多中现实因素的限制，因而很多时候教师会在实际的教学中运用模像直观，这种应用的范围更加广泛，更加容易激发学生的英语学习兴趣。

所谓语言直观具体就是指英语的教师在英语课堂中善于运用形象生动的语言表述向学生讲授英语的相关知识，从而引起学生的情感共鸣，便于学生在已有知识的基础之上更好地理解英语的知识，最终吸引学生的注意力，激发学生的英语学习兴趣。总之，语言直观的优势非常突出，它不仅可以为教师节省大量的时间和精力，它还可以美化教师在学生心目中的形象，增强英语对学生的吸引力。此外，语言直观可以不受到很多现实因素的限制，如地域、空间等，这样教师应用起来也比较便捷。

目前，我国有不少的高等院校都已经建立了专业的图书馆，并且建设了一定规模的网络媒体资源，这是一种良好的发展趋势，这也十分有利于学校利用先进的设备以及设施等为学生创设英语学习的语境。

第二，英语教师在实际的教学中要适当地激发学生的英语学习动机，这样学生的英语学习才会更加有内驱力，他们也能够更好地开展自主的英语学习。在我国传统的英语教学中，教师始终在课堂中占据主导的位置，教师掌握着英语教学的节奏以及进度，而学生只能被动地学习各种英语相关的理论知识。然而在新的教学理论的背景下，英语教师应该清晰地认识到，学生才是学习的主体，教师一定要能够摆正学生学习主体的位置，从而引导学生更好地开展各项学习活动。也就是说，教师一定要激发学生具备较强的英语学习动机，这样学生才会意识到英语学习的重要的意义以及价值等，这样他们才能够真正地掌握英语的理论知识以及运用技巧等，而不是纯粹为了应付考试学习英语等。

通常情况下，学习动机指的是学生自主开展学习活动的一种动力以及内在原因，它可以激励学生朝着自己制定的目标努力，同时可以促使学生排除学习的干扰和困难等，从而实现制定的学习目标。在学生的现实学习中，学生的学习动机往往会受到多种因素的影响，其一就是学生的学习需求；其二就是学生的英语学习兴趣。总之，在现实的英语教学中，教师一定要想方设法地激发学生的英语学习动机，使其积极主动地学习并且运用这些知识，为社会的发展做贡献。

七、交际性原则

从本质的层面进行分析，语言的本质就是一种人们交际使用的工具，人们在生活、工作和学习中往往通过语言来沟通和交流，从而促使不同的思想以及信息在不同的个体之间进行传播。对于中国的大学生而言，英语是一门外语，因而大学生学习和掌握英语这门语言的根本目的就是应用这门语言进行交际，从而传递信息，进行信息交流，并试图解决一些现实的问题。在学校的英语教学中，教师一定要遵循交际性的原则，这样他们才可以通过教学培养和提升学生的英语交际能力。通常情况下，交际能力是由如下两种不同的能力组成：第一种就是语言能力，第二种就是社交能力。因而教师培养学生的英语交际能力实际上就是培养和提升学生的英语语言能力和社交能力。总之，教师在英语教学中一定要遵循交际性原则，注重培养每个学生的跨文化交际能力，帮助学生更好地理解英语的理论知识，同时帮助学生更好地理解那些可能影响跨文化交际的文化因素等。

在具体的英语教学实践中，英语教师需要从如下几个方面努力来提升学生的交际能力：

第一个方面，英语教师在教学中一定要保证教学过程的交际化。从本质的层面进行分析，教学过程其实就是教师输出一定的教学信息，而学生同步地接收一定的教学信息。这个过程中必然会有教师和师生之间的交际，也会有学生与学生之间的交际等。因而在英语的教学过程中，教师一定要实现教学过程的交际化，加强师生之间以及生生之间的交际、互动和交流，从而积极地引导学生应用英语进行交际，发挥英语的交际作用和功能，并使学生在交际的过程中体验与众不同的成就感。

第二个方面，英语教师在教学中一定要保证教学内容语境化。这是因为在英语的教学过程中，语境发挥着十分重要的作用，任何语言的学习都需要一定的语境，脱离了语境的英语词汇以及句子等都无法准确地传递词汇以及句子的信息，因而教师一定要注重使教学内容呈现语境化的特征，从而帮助学生在一定的现实语境中更好地理解英语的知识点以及文化背景等。例如，在英语的课堂教学中，教师经常需要向学生讲解英语词汇的含义，往往每个英语词汇有若干含义，这个时候英语教师就需要把不同的词汇放入不同的语境中，这样可以帮助学生更好地理解词汇的不同含义。在这个过程中，语境非常重要，如果教师不把词汇放入相应的语境中进行教学，那么学生则难以准确理解英语词汇的含义，而且学生也很难对这些词汇留下相对比较深刻的印象。

第三个方面，英语教师在教学中一定要尝试着采用多样化的教学手段和方式，从而激发学生的英语学习兴趣，使学生对英语学习充满了热情。在我国传统的英语教学中，教师使用相对比较多的方式就是讲授法。然而在现代化的信息技术时代，学生的英语学习需求不断提升，这就要求英语教师一定要转变或者优化现有的英语教学方式，把各种先进的信息技术手段等融入英语的教学中，从而为学生创设更好的英语学习环境和条件，如翻转课堂、微课以及慕课等，这些创新的英语教学形式也能够为学生的英语交际提供比较好的条件。

八、循序渐进原则

学校的英语教学通常也会包含大量的专业理论知识，这些理论知识的学习对于学生而言具有较大的难度，因而英语教师在教学中要学会积极地引导学生，要遵循循序渐进的原则，从而更好地开展各项英语教学的工作，同时增强学生的英语学习自信心，使学生能够逐步地学习和掌握英语的理论知识。下面我们可以从如下三个不同的层面来分析和探讨英语教学的循序渐进原则。

第一个层面，对于学习者而言，他们在学习一门新的语言时往往会遵循一定的规则，即学习者通常都是先学习这门语言的口语，当学生积累了一定的口语知识后，其才会开始逐步学习这门语言的书面语。因而在英语的教育中，学生应该先学习英语的口语内容，接着才会进一步学习英语的阅读内容以及写作内容等，从而逐步地掌握英语的各种知识。

第二个层面，在语言的学习中，学生通常都需要学习英语的听力教学、口语教学、阅读教学以及写作教学等。英语这些方面的教学分别有不同的侧重点以及学习技巧，因而在实际的英语教学中，教师要合理地安排英语的不同教学过程，从而帮助学生循序渐进地掌握这些知识。一般情况下，英语教师先注重培养学生的英语听力和口语的能力，接着再进一步培养学生的英语阅读和写作的能力，并最终提升学生英语的各方面综合实力。然而目前我国的英语教学中面临的实际情况是：学生在学习英语的过程中缺乏真实的英语应用环境，这样学生只能通过听一些英语视频资料或者音频资料等来练习英语的听力。学生练习英语口语的机会很少，有时候学生只能在课堂中练习英语的口语，这就要求英语的教师要多维学生创设一些英语的口语练习机会。总之，在英语的教学中，听力教学和口语教学是基础，这也是英语阅读教学和写作教学的重要基础，因而教师一定要逐步培养学生各方面的能力，使学生先加强“听力”和“口语”的练习，然后再循序渐进地提升学生的英语“阅读”和“写作”的能力。

第三个层面，对于学生的英语学习而言，学生很难在极端的时间内大幅度地提升自身的英语学习能力，这是因为学生的学习能力提升是一个循序渐进的过程，它不是一蹴而就的，因而这就要求英语教师在教学中一定要秉承循序渐进的原则，要尊重学生的学习规律以及个体的成长和发展规律，从而使每个学生都可以在现有的英语学习水平上取得进步。

第三节　英语教学的基本方法

一、情境教学法

（一）情境教学法解读

所谓的情境教学法指的是借助于和特定的语言相关的情境把语言与知觉、思维等联系起来，最终实现教学的目标的一种方法。所谓的学习情境指的是在学习的过程中，借助于想象、口述等手段促使获得的知识更为高效，通常来说，这样的情景是随着时代的发展而不断发展的。

情境教学法的基础就是语言情境和视觉情境。在不同的环境中，针对不同的对象，语言和词汇的具体性的含义也是不相同的。在一些说话人员的动作和具体的情境中，一些比较难理解的语言都是清晰可见的。在真正开展语言教学实践的时候，我们可以使用一些图片、动作等，这样可以促使学生更为迅速地了解其含义和使用的方法。

（二）情境教学法在英语教学中的应用

1. 通过真实逼真的活动，为英语学习创造机会

英语教学要求学习人员开展语言文化的相关实践，故而，在教学过程中，教师不能还采用传统意义上的教学方式，自己主导课堂教学，学生只是被动学习，而是让学生更多地参与到教学中。在英语的情境教学中，要积极营造和学生的工作、生活相适应的学习环境。在现代化的信息时代，外语教学的资源越来越丰富，在英语的教学中，可以采用多媒体和网络技术，把语言的学习通过视频或者是音频等方式展现出来，还要积极创建仿真的环境和虚拟化的情境，推动外语学习的场景的建立，不再只是抽象地讲解理论，促使教学更加生动和形象，把学生学习的积极性和主动性有效地调动起来，促使学生以尽可能快的

速度投入到学习之中，最终促进学生的学习兴趣的提高。

2. 创设“问题”情境，重视启发式教学

要想学习外语，就需要营造一定的学习环境。在课堂的教学中，教师需要多提出问题，学生需要针对教师的提问多思考。学生可以自己查找资料，还可以和其他学生进行讨论，从而找到问题的答案。教师还要积极营造广泛参与的学习氛围，采用灵活的讲课方式。学生可以借助于各种各样的形式积极参与到教学中，教师还要引导学生把自己的观点表达出来，并对此进行指导和点拨，把学生追求知识的欲望激发出来，让学生成为学习的主体，最终促进其语言的表达能力和处理问题的能力的增强。启发式教学的组织形式主要包括情境对话、角色的转换、游戏等。

3. 创设英语教学的文化情境

我们都知道，语言实际上就是一种社会化的现象，文化就是通过语言展现出来的。语言蕴含着非常丰富的社会背景，英语也涵盖了非常深厚的文化背景。在英语的教学中，我们要营造丰富的语言文化环境，促使学生在语言环境的熏陶下培养语言感知能力。学校可以积极组织针对英语的学习社团和实践性的社团，不断丰富学校的文化，让学生有更多的机会参与到英语的学习中。

二、行动导向教学法

（一）行动导向教学法的概念

我们还可以把行动导向叫作行为导向、实践导向，这是一种比较新型的职业教育的理念和方案。这一新型的职业教育理念是在 20 世纪 80 年代兴起来的。在德国，行动导向教学已经得到了越来越多的人的认可和接纳，就现在的情况看来，在中国，只有一部分学校推行这一种教学方法。行动导向教学的主要形式就是行动导向进行驱动，在开展教学的过程中，首先由教师进行精心的设计，然后对学生进行有效的引导，把学生的主体性作用发挥出来，让学生把手、脑、心和身体充分地调动起来以获取知识和技能，从而有效地解决问题，让学生自己就可以完成学习的相关任务，最终促进教学目标的实现。在英语的教学中，行动导向教学法可以把学生学习英语的兴趣激发出来，促使学生积极主动地学习英语，最终提高学生的综合性的素质。

（二）行动导向教学方法实施

1. 现代教学技术手段教学法

借助于各种各样的现代化的教学手段，能够看得见、听得着，积极构建比较具有专业性的学习化的网络，借助于网络进行交流和讨论。还可以对学校内部和外部的实习基地的各种资源进行有效的利用；积极开展英语知识的相关讲座，还可以邀请国外的学生到学校和本校的学生开展交流，这样就可以促使学生更好地把理论和实践有效地结合起来。

2. 课内外实践活动教学法

对教学的内容进行解读，鼓励学生积极参加各种各样的关于英语的实践活动，让学生对英语知识中的趣味有较深刻的体验，最终融入英语的学习中。

3. 角色扮演教学法

把学生分成几个小组，然后让其扮演剧中的主人公的角色，促使学生在角色扮演的过程中充分利用自己所学到的英语方面的知识，这样的话，既可以提高学生的学习能力，还可以让学生对英语产生兴趣。

4. 任务行动导向教学法

在教学内容的基础上设计专题性的活动，让学生自己设计促销性的活动。在这个过程中，学生可以对自己所学过的专题性的知识进行积极运用，搜集相关的内容和资料，然后分小组进行探究和讨论，找到解决问题的方法，这样的话，既可以让学生更好地认识课程性的知识点，还可以知道怎样搜集信息。

三、互动教学法

互动的定义是指，在一定的背景里面，不同的人类个体之间发生的一系列不同形式和性质的相互作用。

所谓互动教学就是指教师将互动的形式和因素运用到实际的教学中，从而使师生之间或者生生之间能够更加有效地交流和沟通，提升教学的实效。在实际的互动教学中，研究者倡导要转变互动教学中教师和学生的角色，即教师不再是一味地向学生传授教材中的知识，而学生也不再是一味地听教师授课，学生要改变自身的学习方式，要通过多样化的渠道积极主动地获取有用的信息资源，从而提升教学的实际效果，这样教师和学生之间也能够建立一种全新的师生关系。在互动教学模式中，教师与学生之间的互动还可以通过多种形式来实现。

（一）营造良好的互动环境

在人们的日常生活中会使用很多种不同的语言，这些语言和环境之间必然有各种不同的联系，因而语言活动的开展离不开一定的语言环境。在实际的英语课堂教学中，教学环境也对教学的质量产生了很大的影响。对于每个大学生而言，他们在学习语言的过程中必然会和周围的环境产生一定的相互作用。因而在实际的英语课堂教学中，英语教师一定要积极地为学生营造良好的互动环境，从而使学生在互动的过程中学习英语，掌握相关的知识和文化等。在教学实践中，教师可以通过如下多种途径为学生创设良好的教学互动环境，如在学校创建文化墙、采用校园的广播来播放英文的流行歌曲、小故事等、开设英语角等。这些措施不仅生动有趣，而且可以为学生提供较多的英语口语机会，提升学生的英语综合实力。

（二）更新教师观念，凸显学生在互动中的主体性

实际上，英语教学并不是一成不变的，其具有较强的能动性，它要求教师和学生相关合作，一起来学习和进步，这是一种动态变化的过程。新的课程标准中强调，在学生的学习过程中，教师的角色主要是引导者、合作者等，这样教师和学生都参与了整个教学的过程，他们之间是有紧密的互动。为了显著提升英语教学的质量，教师需要不断凸显学生在学习中的主体性地位，使学生成为互动的主体，从而提升学生的英语学习积极性和兴趣。

（三）利用现代信息技术，构建立体式互动模式

在信息技术时代，很多学校都尝试着把先进的现代信息技术手段引入到现实的英语教学中，并取得了一定的教学成效。例如，很多学校的英语教师在教学中运用多媒体技术开展教学，这样的先进方式生动、直观，能够激发学生的英语学习热情，同时能够不断完善和优化我国传统的英语教学方式。对于学校的英语教师而言，他们可以在实际的教学工作中利用先进的信息技术辅助开展教学工作，如教师可以在相应的网络平台中发布和教学有关的课堂信息以及预习的资料等，同时和学生进行交流和沟通等。此外，教师也可以把网络平台中学生上传的相应资料作为教学的材料和学生进行互动，教师既可以根据学生的上传资料亲自和学生交流，也可以请学生与其他学生之间进行交流和互动等，这样可以达到很好的教学效果。在课堂教学结束之后，教师还是可以通过很多不同的渠道监督和关注学生的学习情况，如教师利用 QQ、微信等手机软件解答学生的疑惑或者问题，同时教师可以利用这些软件检查和批改学生已经完成的作业等，并给出一些合理的建议等。总之，在实际的教学中，教师可以借助于人机互动来实现师生之间或者生生之间的教学互动。基于现代先进信息技术的立体式互动模式能够很好地把线下的课堂教学和线上的网络教学紧密地结合起来，从而极大地调动起了学生的英语学习兴趣，使学生可以利用多种方式学习英语，并大幅度提升学生的学习质量，加强师生之间或者生生之间的互动。这种创新的教学模式为教学注入了新的活力，有利于教学的持久发展。

第四节　英语教学的改革背景与对策

一、英语教学改革的背景

（一）信息化的时代要求

在现代化的信息技术时代，网络已经渗透到人们生活的各个角落，并且开始逐渐对人们的生活、工作以及学习等产生影响。其突出表现为：在信息技术的辅助下，人们的生活方式以及学习方式都发生了较大的改变。对于学生而言，他们的主要任务就是学习，信息技术的应用拓宽了学生的学习范围，现在学生可以利用多种途径获取所学的英语知识以及技巧等，这就要求学校的英语教学必须要进行适当的改革，这样才能够使英语教学跟得上时代的发展步伐，使学生培养的英语人才能够为社会的发展做出应有的贡献。总之，信息化对英语教学产生的影响是十分深远的，教育者一定要认识到信息技术的价值和作用，从而使其更好地为英语教学服务。

（二）英语教学存在定位偏差

一直以来，我国开展的英语教学都是秉承如下教育原则，即英语教学应该重视培养和提升学生的英语基础能力，让学生把基础打牢固才是学生英语学习的基础。然而在现代信息时代，人们生存的环境发生了较大的改变，社会的快速发展需要大量具有较强综合实力的英语人才，而不仅仅是扎实掌握英语基础知识的人才，这就要求英语教学需要进行一定的改革，从而培养更多具有综合实力的英语人才，为社会的进步和发展共享力量。在信息化时代，很多学生也已经意识到提升自身的英语应用能力，因而我国的各级各类学校就十分有必要对英语教学进行改革，否则传统的英语教学将会严重打击学生的学习积极性，甚至会使学生放弃英语的学习。

（三）英语教学改革意义重大

1. 顺应了新形势下英语教学发展的要求

在新的时代发展背景下，英语教学的发展必须要紧紧地围绕着社会的发展，这样英语教学才会与社会的发展保持高度的一致。在我国新的发展形势下，我国对英语教学提出的基本要求为：英语教学要始终做到以学生为中心，重视学生的英语学习主体地位，要使学生成为英语学习的主体。在具体的英语教学实践中，英语教师一定要采用科学的方式教授学生英语的知识以及技巧等，要教会学生科学的英语学习方法，这样学生才能够在教师的指导下开展英语的自主学习，从而提升英语学习的效率。为了提升学生自主学习的质量，英语教师有必要开展一定的训练活动来提升每个学生的自主学习能力，这是一项十分重要的能力。当学生具备了较强的自主学习能力时，他们就可以在课下开展自主学习，这样他们也能够很好地利用课余的时间进行学习，而不仅仅是把学习局限于课堂之中。此外，在信息化时代，我们倡导每个人都要把终身学习当作目标，而终身学习目标的实现就要求学习者具备较强的自主学习能力，否则在没有人监督的情况下，学习者很难有效地利用闲暇时间学习所需的知识等。我们现在生活在一个信息爆炸的时代，学习者通常可以从多样化的渠道获取专业的知识，这就要求英语教学一定要注重培养学生的自主学习能力，使学生在学习英语的过程中更好地利用这些先进的信息技术手段，能够高效地解决很多现实中遇到的问题。

2. 利于改变陈旧的英语教学模式

目前，我国的英语教学在发展的过程中也出现了很多问题，尤其是教育模式方面的问题。虽然英语教学改革要求学校转变传统的英语教学模式，但是我国很多学校在实践中还是采用传统的英语教学模式，这种模式存在很多弊端，即这种英语教学模式在教学中过于重视向学生传授英语的基础知识，而不重视向学生传授英语的应用技巧，而且英语教师在课堂中总是花费很多时间讲授理论知识，他们很少或者几乎没有留给学生应用英语的时间，这样学生在英语课堂中就没有机会练习自己的英语表达，他们也很难在真正的交际中运用英语。通过上述分析可知，我国传统的英语教学模式实际上就是一种以教师为核心的教育模式，英语教师在课堂中主导着整个教学过程，这会严重地打击学生的学习热情以及积极性，而且还会扼杀学生的创造力，因而英语教学改革具有重要的现实意义，它可以把一些先进的英语教学模式引入现在的英语教学中，从而激发学生的英语学习兴趣。

在我国传统的英语教学模式中，英语教师往往是课堂的主宰者，他们主导着课堂的整个过程和所有的程序，这样学生在英语课堂中就会变得很被动。例如，在具体的英语课堂中，有时候教师在讲解一个重要的英语知识点时为了使学生更好透彻地理解英语知识点的内涵以及应用，教师在课堂中就会经常反复地讲解有关的英语例子等，这个过程就会占据课堂很多的时间，而且在讲解的过程中有时候教师都会重复地讲解有关的英语知识点等，从而使学生产生疲惫以及反感的心理。其实教师的这种做法是不妥当的，他没有充分地考虑学生的学习心理以及学习规律，没有留给学生足够的时间来吸收和消化英语知识，也没有留给学生足够的时间练习英语的口语等，因而我国传统的英语教学模式十分不利于学生的英语学习，需要学校根据现实情况进行改革。

3. 利于科学评价体系的形成

在我国传统的英语教学模式里面，英语教师往往会采用相对比较单一的评价方式来评价学生的英语学习情况，这种评价方式就是人们都十分熟悉的考试。虽然考试是一种十分高效的检测学生英语学习情况的手段，但是这种评价方式也存在很多弊端，如考试这种手段会根据学生的考试成绩把学生分成不同的等级，这无疑会伤害一些英语成绩比较差学生的自尊心以及自信心，从而打击学生的英语学习积极性。在这种情况下，学校十分有必要对我国的英语教学进行改革，从而英语教学能够形成相对比较科学的评价体系，从而更加真实、全面地反映每个学生的英语学习水平，也能间接地提升教师的教育质量。

二、英语教学改革的策略

（一）学习先进教育理念，转变英语教学模式

要想进行英语教学改革，人们首先就需要更新思想，逐步地转变英语的教育理念，教育者要多把先进的教育理念引入到英语教学中，从而使每个教育者都可以用先进的思想武装自己的头脑。现在人们生活在一个信息化的时代，因而不管是英语专业的教师还是其他专业的教师都应该把新的教学理念融入现代教育中，从而使这些新的理念更好地指导教师的教学行为等。具体分析而言，在英语教学中，英语教师不能只重视向学生传递英语的理论知识，英语教师还需要采取必要的措施和手段等锻炼学生的英语应用能力，这才是语言学习的重要部分。在转变教学理念的基础之上，学校要对现有的英语教学模式进行适当的改革，从而使英语教学模式更加人性化，能够促进学生的全面发展。

（二）运用信息技术手段，创新英语教学方法

在信息化的背景下，我国很多学校的教师都尝试着把先进的信息技术手段应用到各科教学中，并取得了一定的教学效果。可见信息化教育能够显著地提升各科教育的质量。对于英语教学而言，这也是一个很好的契机。英语教师在教学实践中也应该把先进的信息技术手段应用于英语教学中，从而不断改革和创新现有的英语教学方法，激发每个学生的英语学习兴趣，同时为学生提供比较现代化的英语教学环境。具体而言，学校可以从以下几个方面做出努力来不

断地创新英语的教学方法：第一，学校的教育资金应该多向英语教学方向倾斜，学校应该尽力为信息化英语教学购置相应的硬件设施，这也是开展信息化教学的物质基础，否则学校也很难有效地将信息技术手段应用于现实的英语教学中；第二，学校还应该重视英语教学的软件建设，学校可以引入相对比较先进的英语教学系统等，提升英语教学效率。例如，学校可以充分地应用精品课程分享平台，该平台能够为学生提供很多优质的英语相关课程，这样就能够拓宽和丰富学生的英语知识面，增强教学的直观性，从而使学生在学习的过程中体会到英语学习的快乐和意义；第三，学校的英语教师要结合学生的特点尝试引入比较新颖的教学方法，如翻转课堂、微课以及慕课等，这些新颖的教学模式优点很多，能够给学生的学习带来很多新鲜感，从而激发学生的英语学习热情。

（三）加强专业系统培训，武装英语教师队伍

在英语教学中，教师是十分重要的组成部分，虽然我们不断强调学生才是英语学习的主体，但是这并不意味着教师在英语教学中就处于不重要的位置。相反，在实际的英语教学中，英语教师依然发挥着不可替代的作用，因而每个学校都应该重视英语教师的培养，学校要为学生的学习构建一支优质的英语教师队伍，从而使教师更好地引导学生学习英语的知识和技能等。通常学校可以从如下两个方面提升英语教师队伍的综合素质：第一，学校可以定期组织英语教师进行培训，为英语教师提供较多的培训提升机会；第二，学校可以把本校的英语教师送到具体的岗位中进行实践锻炼，从而提升教师的英语综合运用能力。

第二章　基于语言学的大学英语教学探索

语言学是一门研究人类语言的学科。它通过研究语言的内部结构、语言的社会功能、语言的运用、语言的发生以及语言的历史发展等方面，来揭示语言的本质以及其存在和发展的规律。本章将从语言学理论出发，对英语教学的改革进行讨论与探索。

第一节　认知语言学理论下的英语教学改革

一、认知语言学概述

（一）认知语言学的概念

认知语言学是语言学研究的重要组成部分，在语言学研究中起着不可替代的作用。实际上，认知语言学是一门新兴的交叉学科，是语言学与认知科学的交叉和融合。自认知语言学诞生以来，认知语言学就不断发展。作为一门交叉学科，在语言学研究中发挥着重要的作用。近年来，认知语言学不断发展和壮大，成为研究语言学必不可少的一部分。

认知语言学涉及范围十分广泛，研究方法也是多种多样的。在认知语言学研究中，研究者通常将认知语言学按照广义和狭义的视角来解读。从广义的角度来看，认知语言学是所有从人脑出发来解释语言运用的认知能力的语言学，这种认知语言学涉及范围十分广泛。从狭义的角度来看，认知语言学只是一批比较有名的语言学家对认知语言学的研究，这种认知语言学涉及的范围比较狭窄。[①]

第一种假设主要是，语言不是一种自主认知能力。

提到认知语言学的这一假设，就会想到生成语言学中的另一假设，即语言不是一种自主认知能力。由此可见，认知语言学与生成语言学的假设观点是对立的。两者存在着完全相关的假设观点。从本质上而言，认知语言学与生成语言学最根本的区别是两者语言假设的差异。无论是认知语言学与生成语言学中的任何对立假设都是以这一根本差异为依据的。可见，语言不是一种自主认知能力，在认知语言学研究中起着重要的作用。同样的，语言是一种自主认知能力，在生成语言学研究中也发挥着不可替代的作用。

著名语言学家乔姆斯基（Chomsky）对语言进行了深入的研究。他认为，语言与认知有着密切的关系，在研究语言的过程中，可以将其当作一个认知模块，并且这个认知模块是孤立的，并不与其他认知能力相结合。针对语言、认知与认知能力的问题，认知语言学家的观点则与乔姆斯基的观点相反。认知语言学家认为语言不应该与其他认知能力分开，也不应该独立于其他认知能力，而是应该与其他认知能力有机结合。

另外，认知语言学家注重认知与语言的研究。同时，在研究语言的过程中，认知语言学家还将心理学中的相关术语融入其中，从而为语言研究、认知研究和认知语言学研究提供了新的思路。

第二种假设主要是，语法就是概念化。

关于语法是否有意义的研究，很多语言学家都进行了深入而系统的研究。最有代表性的观点是兰盖克的观点对语法以及意义的观点。他认为，语法是有意义的。而这里的意义主要指的是概念化[②]。

这种“语法就是概念化”的假设在语言学和认知语言学研究中都具有十分重要的意义。同时，这一假设对“句法与词汇、语义相独立的假设”进行了一定的批判，同时还对“句法是自足的形式系统”进行了一定的批判。另外，这一假设指出，语法与形式、意义有着密切的关系，形式和意义经过不同的配对组合形成了语法。除此之外，从本质上而言，语法还是一个形式象征系统，这与词汇的象征系统是契合的。

综上所述，语法与语义并不是分离的，也不是孤立的，而是相互影响、相辅相成的。这是从“语法单位是象征单位”视角而言的。认知语言学研究了

---

① Croft& Cruse. *Cognitive Linguistics*［M］. Cambridge：Cambridge University Press，2004：68.

② Langackcr. Ronald W. *Cognitive grammar*；*A Basic introduction*［M］. Oxford：Oxford University Press，2008：56.

语法与形式、意义之间的关系，并强调形式与意义之间并不是对立的，这与结构主义语言学的观点是不同的，同时也不同于系统功能语法中形式与意义的观点。

第三种假设主要是，语言知识来源于语言运用。

这一假设也是认知语言学家的观点。同时，语言使用在很大程度上决定着语言知识。语言运用在使用频率方面是十分敏感的。

众所周知，在过去，认知语言学重视语言的运用，并在语言运用过程中重视认知过程，关注心理表征。这一假设的出现，弥补了过去认知语言学的缺陷和不足。

认知语言学有着自身独有的语言观，这与系统功能语言学的语言观存在着一定的差异，也与形式派语言学存在着很多的不同。形式派中主要以结构主义语言学和转换生成语言学为代表。无论是基于结构主义语言学和转换生成语言学的形式派，还是系统功能语言学都与认知语言学存在着明显的区别。例如，相比于形式派，认知语言学注重文化性，将语言的意义、功能当作研究的重点；相比于系统功能语言学，认知语言学更加注重认知性，将语言形式、语言意义以及两者的统一当作研究的重点。

由此可见，认知语言学是语言学与认知科学的交叉学科，它不仅具有认知性，还具有文化性。正是因为如此，研究者可以将认知语言学融到外语教学或二语教学中，从而有利于解决教学中形式与意义、结构与功能等方面的问题。

（二）认知语言学的特性

1. 将语义作为中心

自认知语言学诞生以来，虽然很多学者对语义不断进行研究，但语义研究仍不尽人意。语义研究存在着很多的问题，这种研究的薄弱性在很大程度上阻碍了认知语言学和语言学的发展。关于语义，不同的语言学派有着不同的观点。结构主义学派对语义进行了系统分析，并强调了语义与语义关系、义素之间存在的组合关系。而转换生成语法主要研究的是语法的生成与转换。在研究过程中，并没有将义素融入其中。随着转换生成语法的发展，生成语义学与转换生成语法有着不同的观点，他认为语义在语言研究中起着重要的作用，必须将其视为重要的位置。同时，生成语义学还对语义进行了进一步剖析，得出生成性也是语义研究的重要特征。

生成语义学对语义的研究给认知语言学很大的启示。认知语言学以此为依据，研究了语义，确立了语义的地位，明确了语义的特征，同时认为语义是概念化的。另外，认知语言学指出，语义并不违背人认识事物的范式，符合人认识事物的规律，同时语义还能够反映人的认知能力以及感知世界的经验。

认知语言学十分注重语义研究，并将语义作为研究的中心。概念结构与语义结构之间并不是孤立存在的，而是相互影响、相互作用的。概念结构主要是在语义结构中体现出来，而语义结构的生成与发展又可以在一定程度上促进句法结构的生成，也可以促进词法结构的发展。这样无论是概念结构层面还是语义结构层面，都在相互促进中共同发展，从而有利于推动语言整体结构的发展。

2. 语言的体验性

在早期的语言学研究中，很多研究者忽略了人在使用语言中所涉及的高级思维活动，也忽略了语言的体验性。随着语言学的发展，认知语言学也在不断发展。认知语言学研究者认为，体验性是语言的重要特性。人在使用语言的过程中就是感知和体验世界的过程。而语言活动实际上就是人类对世界高级认知的活动，并且这种活动建立在人类感知世界和体验世界的基础上。由此可见，人类的高级认知活动是一个复杂的活动，需要人类感知和体验的共同参与。

（三）认知语言学的语言观

1. 对客观主义语言观的质疑

经验主义语言观主要以体验为中心，这一语言观属于认知语言学的范畴。基于体验的经验主义语言观与客观主义语言观有着不同的内涵。基于体验的经验主义语言观并不认同客观主义语言观，甚至持反对态度，基于此，基于体验的经验主义语言观建立了自己的语言体系。客观主义语言观认为，感知和理性应该孤立存在，主体和客体之间也是处于分离的状态，这也是客观主义语言观从哲学的视角来解读感知与理性、主体与客体之间的关系。下面对其进行具体分析。

其一，语言具有一定的结构和规则，由这些结构和规则构成的知识在语言观的影响下形成了自足系统，并且这一自足系统具有完全自主性。语言能力在很多方面与其他能力有着很大的不同，例如语言能力中的分类能力、推理能力，都与天赋有着很大的关系。专用语言的普遍语法在人类学习语言中都起着至关重要的作用。普遍语法有着一定的规则，也有着一定的运算系统，这些规则和系统在很大程度上促进了语言的生成，也促进了语言规范的实现。基于此，在进行语言描述的过程中，语言并不需要依附于认知能力，它可以独立地采用一些逻辑方法来描述。

其二，语音、句法和语义都是语言结构的重要组成因素。同时，这些语言结构之间都是独立的。句法最为显著的特点就是形式特征。语音和语义的语言结构对语法不会产生影响。另外，在对句法进行描述时，人类的认知对句法描述的作用也是微乎其微的，甚至可以脱离人类的认知来对语法进行描述。除此之外，还需要指出的是，句子的意义主要受深层结构的影响，只要深层结构相同，那么就可以说这个句子的意义是相同的，即使表层结构存在着一定的差异，也不影响句子意义的相同性。

其三，语义属于语言内部研究的范畴，语义是构成词语意义的重要元素，在词语意义中起着重要的作用。要对其进行更加客观的描述，可以借助于客观的真值条件。语义研究，简单理解就是研究语言符号的客观意义，而意义主要建立在真值的基础上。语言符号与客观世界之间并不是孤立的，而是密切相连的。在这一密切的关系中，大脑中的概念起着重要的桥梁作用。同时，还需要指出的是，概念的连接与人的认知世界并不是密切相连的，而是存在着相互独立的关系，并且这种概念连接是客观世界的镜像反映。

2. 经验主义语言观

客观主义语言观是认知语言学研究的重要组成部分，对认知语言学的发展也产生了很大的影响。随着认知语言学的迅速发展，很多研究者对客观主义语言观提出了质疑，并对认知语言学的语言观进行深入研究和探索，最终提出了经验主义哲学，这是在质疑和反对客观主义语言观的基础上提出的。同时，这些研究者还强调了隐喻思维在人类认知机制中的重要性。基于此，研究者将研究重点放在了概念结构与语言意义之间的关系上。由此可见，这一研究所形成的语言观与客观主义语言观是不同的。

经验主义语言观对语言进行了全面的剖析，得出与客观主义语言观不同的结论。经验主义语言观认为，人类与现实之间的相互影响和作用为语言的产生奠定了基础。语言与认知、思维都有着密切的关系。在经验主义语言观看来，语言在发展过程中形成了自己独有的特点，例如，任意性、象似性。语言结构的形成与概念结构有着直接的关系，大脑中概念结构的编码就形成了语言结构。同时，经验主义语言观否认了客观主义语言观中“语言是客观世界的镜像反映”的观点，并指出语言并不是自主性的自足系统，经验世界的结构可以由语言结构来进行反映。另外，经验主义语言观认为，无论是语言的编码还是语言的解码都与人类的认知有着密切的关系。总之，经验主义理论形成了属于自己的语言观，下面对其进行具体分析。

其一，经验主义否认了客观主义的天赋观，并强调语言能力并不是人类的天赋能力，而是认知能力的重要组成部分。语言能力与认知能力、现实世界实践等都有着直接的关系，也正是在认知能力、现实世界实践的基础上一步一步发展起来的。同时，经验主义认为，语言与主客体也存在着很大的关系，在主客体的相互作用下，语言得以产生。另外，经验主义强调语言的主观性属性，否认了客观主义强调的数理逻辑方法，因此，这一方法对语言本质问题的解决没有帮助。

其二，经验主义否认了客观主义语言观的“句法不受语音、语义影响”的观点，认为在语言结构中，句法受语音和语义的影响，否认了“句法是一个自足系统”的观点。同时，经验主义认为，从本质上而言，语法结构是概念内容的符号化，这种观点强调了语言的意义与表达形式有着紧密的联系。正是因为多种表达形式的存在使得语言的意义也呈现出多样化的特点。总之，在语言分析过程中，无论是语义还是形态抑或是句法，都不是相互独立的，而是相互作用的系统。在对语言层面中任何一个元素进行研究时，都需要研究语言层面中的其他元素。除此之外，研究者在研究过程中还需要结合其他认知过程，并将其作为研究的参考。

其三，经验主义对语义进行了系统剖析，并从主观和客观的角度解读了语言研究中的语义。从客观上而言，语义是真值条件；从主观上而言，语义与人类主观的识解有着密切的关系。同时，语义元素存在于语言系统中。要想对语言意义有更加全面的理解，就应该结合文化因素。另外，需要指出的是，在理解语言意义的过程中，除了考虑客观世界与使用者之间的互动外，还应该考虑使用者的世界感知和体验、信息处理能力及概念化过程。

综上所述，现实世界的互动、使用者的认知、语言等都是影响语言学中语言观研究的重要因素，这些因素之间的相互关系也会对语言观的形成产生很大的影响，对语言系统内部各个因素的研究具有重要的意义，同时在探讨语言与认知关系的过程中也起着不可替代的作用。由此可见，探讨语义与语法之间存在的关系，是当前语言学研究的必然趋势。下面主要从语言非模块观与语言构式观两个方面来具体论述。

（1）语言的非模块观

形式语言学强调语言的自足模块观，认为语言虽然也是一种认知能力，但它与其他认知能力之间是独立的。形式语言学还认为，语法不受语义、语音的影响，三者之间也是独立的模块结构。在具体研究中，形式语言学研究者将语言系统看作一个整体，也就是语言的总模块，并通过划分的方式，将这一总模块分成若干个子模块，语音模块、语义模块、句法模块都是常见的语言子模块。同时，形式语言学还强调了语言系统内部的每个子模块都有着专属的规则，也有着一定的限制。

随着语言学与其他学科的交叉融合，语言学形成了很多新兴学科。其中，认知心理学与认知语言学就是交叉学科的典型代表。这两门交叉学科在研究中发现，语言的模块观存在着很多的问题，这些问题影响了语言的发展。基于此，认知语言学积极借鉴和吸收其他学科的观点，并不断归纳和总结，从而提出了与语言的模块观对立的非模块观。语言的非模块观否认了语言模块观的很多观点，其研究主要集中在两个层面。第一，在对语言解释和分析的过程中，单从一个语言分析层面来解释是不合理的，也是不科学的，应该融合多个语言分析层面；第二，语言在运用过程中需要遵循一定的原则，其中一般的认知原则也是语言运用过程中必须遵循的原则。

语义是认知语言学研究的重要内容。认知语言学家认为，从本质上而言，语义问题属于认知语言学研究的范畴。同时，指出语义与语法之间并不是孤立存在的，而是相互作用、相互影响的。认知语言学在研究语言知识的过程中，主要结合和参照百科知识，并没有将这两种知识隔离开来，而是弱化或忽视了这两种知识之间存在的界限。基于此，认知语言学指出百科知识性是认知语言学的特征，无论是语法的分析还是语言意义的解释都与百科知识有着密切的关系。要想对句法做出合理而科学的解释，就应该参照语境和百科知识。另外，有一些特殊的情况，即在语法正确的前提下，研究者对语义的理解也存在着很多的困难。由此可见，语义在语言研究中占据十分重要的地位。

关于语言的非模块观，有很多学者进行了研究。高柏将语言的非模块观与各种构式联系在一起，并指出从词项到句式形成的一个连续体，在这个连续体中，各种构式起着不可替代的作用。

纪云霞也对语言的非模块观进行了具体分析，并将构块式语法研究融入其中，指出形式与意义在语法构块中所起的重要作用，并将形式与意义统一起来。同时，认为语用与语义并不需要严格的区分。另外，句式的整体意义并不是单个意义的叠加之和。这为认知语言学语言观的发展奠定了基础。

（2）语言的构式观

语言构式观在认知语言学研究中占据重要的地位。究竟什么是构式观，构式观在语言研究中产生了怎样的影响。要想解决这些问题，就应该首先了解构式的含义。不同的学者对构式的理解是不同的，下面选取比较有代表性的观点进行分析。

菲尔莫尔、莱考夫、泰勒对构式的含义提出了以下观点。他们认为，构式是指传统结构式，这种结构式是形式意义的对应体。在他们看来，构式应该将习语、成语等包含在其中。在语言系统中，构式作为最小的单位，与形式与规约意义有着密切的关系，即两者的配对形成了构式。

迪塞尔也对构式提出了自己的观点。他认为，构式与形式、功能有关，并且在特定形式和特定功能的有效结合中形成了构式。正是因为如此，构式在人脑中的储存通常是以整体配对的方式。

语言构式观对语法层面也进行了深入的研究，并指出语法在分解与研究过程中，不能将其分为独立的模块，这不利于语法的整体研究。因此，研究者在研究语法层面时，应该与构式联系起来，并将其融到构式中研究，这样有利于形成了一个连续体。另外，研究者还从多个不同的维度对构式进行了描述，尤其是对构式的内在与外在联系更是进行了深入剖析，这样有利于促进语言研究的发展。语言学主要以语言为研究对象进行研究。将构式融到语言研究中，有利于对语言的语法进行描述，也有利于对语言的整体进行统一解释，更有利于促进语言学的发展。构式对概括语言特征、反映现实世界具有十分重要的意义。从本质上而言，构式与人们对世界的认知和体验有关，与语言表征也有着密切的关系。因此，无论是研究语言还是研究语言中的语法因素都离不开构式的参与。

综上所述，语言的构式观在认知语言学的语言观中起着重要的作用，这一语言观认为，无论是语言的形式还是语言的意义抑或是语言的功能都不是孤立的，而是一个有着密切联系的结合体。认知语言学的语言观注重语言的使用问题，而语言的形式与意义之间的匹配关乎着语言的使用，因此，认知语言学也要对其进行关注，同时，在语言教学中，无论是教还是学，都不能忽视语言的形式、意义与功能。

二、认知语言学理论下的英语教学的改革原则

认知语言学理论下的英语教学的改革原则主要涵盖了这样几点。

（一）体验原则

所谓的外语教学的涉身观指的是把怎样经过身体的体验来形成意义展示给学习人员，进而增强学习人员的记忆力。特别是一些外语在学习人员的母语中并没有对应的项目的时候，我们就需要借助于身体部位、力量运动等的感知来对意义的形成过程进行更为深入的解释。具体的实现形式是课堂真实体验、虚拟体验。

所谓的真实体验指的是，教师首先发出一定的指令，促使学习人员形成一定的意象图式，进而建构一定的概念。所谓的课堂真实体验指的是，在课堂的教学中，教师把一些抽象化的意义和动作等联系起来，从而帮助学习人员在一定的真实体验的基础上来建构新的概念。比如，“jump for joy”这个词汇就是把快乐和蹦跳紧密地联系起来；“fell down”这个词汇就是把沮丧和垂头丧气联系起来了。所谓的虚拟体验指的是，教师对图标和图片等工具进行有效利

用，从而说明意义的形成过程。所谓的课堂虚拟体验指的是，在课堂上，教师对图标和图片进行充分的利用，从而向学习人员解释意义是怎样从和物质世界的互动中产生的。泰勒（Taylor J）做了一系列的研究，其发现，在课堂教学中，合理地使用力动态图式理论可以帮助学习人员更好地理解各种各样的情态动词的意义和使用方法上的区别。① 教师还可以对一些意象图式进行充分的利用，从而更加系统地对介词词组进行讲解：第一，找出很多同类的词组，比如，“bring up、think up”等；第二，积极引导学习人员归纳出介词“up”所传递出来的信息，也就是说还没有被知道的事物从没有被发现到不断发现的这样一个过程，从而促使学习人员更好地理解介词“up”词组的含义，并进行有效的记忆。在课堂教学的时候，教师还可以把真实体验和虚拟体验有效地结合起来。

（二）词汇—语法连续体原则

我们站在词汇—语法连续体词汇的角度来进行分析，同一个词项通常都要包含很多相关的义项，这些义项中，最为基本的就是典型义项，其他的义项都是通过一些认知机制不断扩展而来的。在某一个句子中，某一个词项的意义会对这个句子产生一定的影响。比如，在句子“Birds of a feather flock together.”中，“flock”这个词借助于隐喻的机制，把一群动物的合集引申成一群人由于利益而聚集在一起。我们站在词汇—语法连续体的语法的角度来进行分析，高柏（Adele Goldberg）认为，构式学习需要经过一个对形式和功能进行概括的过程，也就是把实例当作基础，进而概括出具有普遍性的规律。经过概括而来的图示化的信息是可以重复性地使用的，这就促使语言具有较强的创造性和能产性。② 在进行教学的时候，教师不能只是列举出正确的范例，还需要对学习人员进行一定的引导，促使学习人员对范例的形成机制进行概括，并且要积极鼓励学习人员对目标构式进行创造性运用。比如，在教学的时候，教师首先把例句“they eventually got them to do it in a proper manner”展示给学习人员，然后引导学习人员概括出构式的形式“get somebody to do something”，还让学习人员以这个构式为基础，替换其中的词汇延伸出更多的相类似的表达句式，然后再做一些替换性的练习，就像是“I convinced John to take her in”。

---

① Taylor J. *linguistie Calegorisation: Prolypes in linguistie Theory* [M]. Oxford: Clrendon Press, 1995.

② Goldberg A E. *Constructions at Work: The Natwre of Generolisation in Language* [M]. Oxford: Oxford Univenity Press, 2006.

（三）概念化原则

范畴化还会导致意义有所不同。在下面的句子中，（1）是病句，之所以出现这样的情况，最主要的就是汉英两种语言存在不一样的概念范畴。

（1）The knowledge in villages in China is very low.

（2）The level of knowledge in villages in China is very low.

（3）Knowledge in villages in China is not great.

英语和汉语对于“知识”这个词的范畴的限定是不一样的。经过对汉语和英语的对比研究，我们可以发现，在汉语中，“知识”这个词语还具有教育的含义；但是，在英语中，我们通常使用“high，low”来表示知识水平的高和低，使用“great、small”来表示知识的数量的多少。当启动了隐喻机制以后，我们通常都是把知识当作储存在人体的某个部位的物质，故而，我们会使用“a high low level of knowledge”这样的表达方式。在例句（1）中，因为没有限定词“level of”，故而出现了过于概念化的问题。假如没有限定词的修饰的话，“知识”这个词语就可以被理解为所有的知识，故而，例句（3）所做出来的修改也是比较合理的。我们对于构式语法的研究可以让学习人员积极启动目标语的概念体系。但是，内古鲁埃拉（Eduardo Negueruela）经过一系列的研究发现，即便是学习双语的人员，也不会频繁地建构和自己的母语存有很大的差别的英语概念体系。① 我们把母语和目标语不一样的文化概念进行对照，可能主要就是为了建立英语概念体系。

（四）使用原则

所谓的使用原则就是，学习外语需要经过一个强制性的过程，也就是强迫自己接受自己对现有的知识体系以外的内容的排斥，接受目标语体系和现存的体系存在差别的部分。母语的学习可以通过重复的学习来完成，但是，外语学习并不能单纯依靠反复学习来完成学习目标。在课堂教学刚刚开始的时候，教师可以留给学习人员充足的时间自己进行学习，通常来说，这个时候，教师并不需要管得太多。在课堂教学的下一个阶段，显性教学变得更加重要，其可以更好地推动学习的开展。凯森海瑟（Devin Casenhiser）和高柏经过一系列的研究发现，当我们把同一类的构式反复展示给学习人员的时候，就可以更好地学

---

① Negueruela E et al. The “private function” of gesture in second language speaking activity：A study on motion verths and gesturing in English and Spanish [J], *Internations Jourrad of Applied Linguistics*, 2004 (1).

习这一类构式。① 这样的研究说明，外语学习缺乏高频率的学习，显性教学可以对这一弱点进行较为有效的弥补。这一观点更多的只是理论性的假设，具体的实践情况怎么样，还需要进一步的验证。

三、认知语言学理论下的英语教学改革策略

差不多所有的语言教学的理论体系的出现和发展都会对语言教学的理论和实践产生大大小小的影响，在这个过程中，还会出现新的教学方式和新的教学理论，当然，教学活动的发展方向也会发生一定的变化。人们越来越认识到认知语言学对外语教学产生的影响。在 20 世纪 90 年代初期，中国引入认知语言学的相关理论，现在，认知语言学的理论呈现出系统化和多元化的状态。国内的认知语言学的研究可以划分为三个模块：第一个模块是汉语界的认知语言学研究；第二个模块是外语界的认知语言学研究；第三个模块是从认知的角度来对一部分特殊的语言现象特别是隐喻进行研究。英语教师最需要学习的是外语界的认知语言学的研究。大学英语教学可以对自身的特点进行分析，借鉴认知语言学的基本的观点和相关的研究成果，对认知语言学的相关理论进行有效的利用，从而全面提升学生的听、说、读、写、译等方面的能力。

（一）发挥学生学习的主动性、自主性

认知语言学认为，意义实际上就是一种心理现象，其存在于世界的概念化的活动中。在这样一种概念化的过程中，识解具有非常重要的作用，与此同时，这也促使意义具有较强的主观性。识解对语言表达式的意义具有决定性的作用，从一方面说明语言具有较强的约定性，从另一方面说明使用表达式的人员决定着其分布情况，也就是说，在语言的使用中，使用人员占据绝对性的主导地位。故而，在大学英语的教学中，我们要积极采用把学生当作主体的互动式的教学模式，重视学生的自主学习。自主学习把学生当作学习的中心，这一点和认知语言学中把人当作主体的思想是一样的，可以说是现代语言教学发展的趋势。故而，教师需要转变自身的教学理念，对学生自身的学习经验给予高度的重视，把学生的主动性和自主性充分地发挥出来，积极组织把学生当作中心的各种各样的训练。一些学校的学生的英语基础比较差，故而，在上课的时候，教师可以对教材中的话题进行充分的利用，针对性地设置一些问题，一点一点深入进去，从而引导学生借助于各种各样的形式来练习英语口语。下课以

---

① Casenhiser D&Goldberg A E. Fast mapping between a phrasal form and meaning［J］, *Developmental Science*, 2005（6）.

后，教师可以给学生布置一些学习的任务，积极引导学生养成自主学习的好习惯。从另一方面来说，教师还要积极鼓励学生对学习中遇到的困难进行思考和讨论，引导学生使用不同的学习策略。在这整个过程中，学生是学习的主体，教师只是对其进行监督、指导和协调等，可以说是学生的引导者。

（二）培养学生的跨文化意识

认知语言学认为，语言和思维都有一个最基本的方式，那就是隐喻。在不同的民族和文化背景下，隐喻具有相似性。当教师在开展跨文化教学的时候，可以对英汉类似的概念性的隐喻系统进行对照和比较。比如，不论是汉语文化，还是英语文化，都比较喜欢使用“下”或“低”来表示“糟”，使用“上”或“高”来表示“好”，比如，江河日下；ups and downs 用来表示“盛衰”。从另一方面来说，隐喻并不是单独存在的，而是扎根于语言背后的文化中。所以，在进行大学英语教学的时候，教师可以讲授隐喻，还要对跨文化隐喻的相似之处和不同之处进行较为充分的利用，最终促进跨文化学习的有效开展。我们都知道，在中国，黄色是一种非常尊贵的颜色。黄色代表具有至高无上的权力，代表帝王的尊严，当皇帝登基的时候，就有黄袍加身的说法。从唐朝开始，一直到清朝，黄色就是每一代帝王的专用颜色，也可以说是最为高贵的颜色。不论是“黄袍”，还是“黄榜”等，都和荣耀等有着密切的联系。黄色象征着“崇高”“尊严”和“权力”等。但是，在英语文化中，黄色是一个贬义词，其表示卑鄙和下流。yellow journalism 的意思是借助于低级趣味的文字或者一些让人惊悚害怕的报道来吸引读者的注意力的一种创办报刊的风格。那些信奉基督教的人认为 yellow 就是背叛的意思，因为出卖耶稣的犹大穿的衣服就是黄色的外套，故而，人们认为黄色的意思就是背叛。再比如，在中国，祝福新婚的夫妇的时候经常使用“连理枝”“并蒂莲”这样的词语，表示当一个人成家以后就算是找到了终身的伴侣。在英语文化中，爱情更关注的是过程，“Love is a journey”。这样的话，学生就能逐渐知晓这些隐喻真正的文化含义的区别，知道自己的母语和外语不论是在语义关系上还是在结构的相似性上并不可能完全对应，文化内涵上更是存在很大的不同。我们对英语和汉语的隐喻进行对照和比较，积极引导学生批判性地看待自己民族的文化和其他民族文化之间的相同和不同之处，尽可能地不要根据中国的风俗习惯和思维方式来对待西方的文化，以免形成固定的思维模式，只有这样，才能更好地面对更为复杂的概念，真正建构出和自己的母语不一样的外语文化知识。

（三）进行整体性教学

知识和知识之间是相互联系的。语言并不是一个单独的认知器官，各种各样的认知能力是相互作用、协调发展的。故而，英语教师在进行教学的时候，要具有整体性。整体教学既需要关注知识的整体性和广泛性，又需要全面培养学生的应用能力，最终提高学生的听、说、读、写等各个方面的能力。这样的教学主要有三个方面的表现：第一个是对于词汇的整体教学，第二个是对于语篇的整体教学，第三个是培养学生的听、说、读、写等各个方面的能力。对于最为基本的词汇，学生应该有意识地对词缀和词源知识进行有效的利用，从而增加词汇量。对于多义词，学生要有词族的意识。一个单词含有非常多的意思，在这些意思中，只有一个意思是最为基本的，我们称之为原型，其他的意思都是从最基本的意思中引申或者联想而来的。在开展词汇教学的时候，教师还可以穿插着文化教学的相关内容。比如，在美国的北部地区发表演讲的时候，经常使用的词语有“out west”和“back east”，这是因为，大多数的美国家庭都是从东海岸迁移到西海岸的，故而，西部是“out west”，也就是西进的意思，东部是“back east”，也就是东回的意思。现在，人们经常使用这些词语，会让他们想起曾经的经历。在开展语篇教学的时候，在正式讲解文章之前，教师需要让学生对相关的文化背景有所了解，这样的话，学生就能更好地理解文章的内容，还要把握文章的宏观结构和中心主题，当学生明白了文章的整体结构、了解了作者的写作意图，然后详细学习文章的疑难句子，进而开展局部的分析和重难点句子的讲解。这样就可以尽量避免学生出现只懂得词语和句子，不懂语篇的现象。

在教学的时候，教师还要注重培养学生的听、说、读、写、译等整体能力，进而促进综合语言能力的提高。语法系统、词汇系统、语篇组织方式、语言表达方式等都是相互交织在一起的。语法教学应该落实到词汇教学中去，听力教学如果脱离词汇、语法知识、语篇理解以及相关文化知识，听懂的能力也是难以真正提高的。教师应该尽可能提供获取信息的各种不同途径，视觉的、听觉的、触觉的、口头概括的、行动取向的等。在教学过程中，教师还要让学生学会分析英语的思维模式，并且在说和写中加以很好的运用。

第二节　社会语言学在英语教学中的应用

一、社会语言学在英语教学中的意义

（一）英语教学的学科性质得以明确

在具体的教学实践中，学校可以通过在教学中应用社会语言学来明确英语这门学科的性质。其具体表现在如下几个方面：第一，对于学校而言，它们通过社会语言学的相关知识可以让教师以及管理者明晰英语教学活动和社会发展之间的紧密联系；第二，研究者也可以把英语教学活动当作研究社会语言学的重要方式和途径；第三，在具体的英语教学实践中，教师应该适当地建立语言教学和社会之间的联系；第四，英语教学内容里面实际上包含了很多社会语言学的知识和内容，英语教师应该在实际的英语教学中合理运用这些语言学知识。

（二）语言的社会功能得以强调

将社会语言学应用到英语教学中还有利于增强语言的社会功能，其具体表现在如下几个方面：第一，语言具有较强的社会性功能，人们在社会生产和生活中使用语言的主要目的就是为了与他人进行沟通和交流，这也使教师更加清晰和明确了英语教学的内容，从而可以在一定程度上优化和改进当下的英语教学；第二，对于英语教学而言，社会语言学为英语教学提供了理论层面的知识支撑。众所周知，学校开展英语教学的主要目的就是为了让学生在社会沟通中学会使用英语交流。

（三）语言的文化因素得以重视

目前，我国不少的学校基于社会语言学的视角来分析和改革学校当前的英语教学，这也使得越来越多的学校开始在实际的英语教学中重视文化这个重要的因素。这主要表现在如下两个方面：第一，目前我国很多学校的英语教学中都缺失了文化因素的教学。在这种大的背景下，社会语言学的知识可以为英语教学和文化教学提供很好的切入点，使英语教师可以在课堂教学中恰当地融入文化知识，同时进一步加深学生对不同文化的理解，这也易于学生形成跨文化

交际的意识。第二，社会中很多文化因素以及知识等能够对英语教学起到很好的积极作用，使学生提升自身英语的听力、阅读、口语、写作以及翻译各方面的能力。

二、基于社会语言学的英语教学改革策略

（一）交际能力

1. 促进英语教学中的口语交流

基于社会语言学视角的学校英语教学改革可以大幅度提升学校的英语口语教学水平和效果。其具体表现在如下两个不同层面：第一，每个学生的英语口语交际能力有一定的差异，而且学生的英语口语交际水平会受到很多因素的限制，如英语语言的使用情境、学生已有的背景知识以及学生对英语语言的感知力等。因而在具体的英语教学中，教师应该适当地引入语言学的相关知识等，从而提升学生的语言应用能力和口语水平；第二，教师应该在英语教学中引入多样化的教学活动，从而丰富学生的英语学习，为学生的英语口语训练提供更多的机会，并激发学生的英语学习兴趣，使每个学生都乐于开口说英语。

2. 重视语言的变化性

在具体的英语教学实践中，英语教师应该在具体的教学中引导学生关注和重视语言的变化。教师不仅要引导学生意识到每个学生的英语口语都不同，都有一定的差异，教师还要引导学生意识到特定语境中的语言风格差异和变化。

（二）文化意识

众所周知，社会语言学的研究是一项综合性的研究，它不仅重视研究语言的文化属性，它还重视研究语言的社会属性。教师将社会语言学知识应用到英语教学中可以使学生认识到英语教学中文化意识的重要性，从而使学生在应用语言的过程中重视文化的因素。第一，在具体的英语课堂教学中，教师在课堂中讲解英语单词或者短语时，不仅要向学生讲解明白词汇的各项功能，还要补充讲解一些词汇背后的文化内涵等，从而使学生明白应该在什么样的场合和语境中使用某个词汇等；第二，在实际的英语教学中，教师要向学生强调汉语和目的语国家的文化差异，这样有益于学生的语言学习，培养学生的文化意识。

（三）语篇意识

人们在学习和运用英语的过程中可以发现，在实际的英语教学实践中，语篇是一个重要的因素，它能够为英语的内容提供一定的语境范围。第一，在目

前的英语教学中，教师应该改变传统的语篇教学方式，重视语言使用的语境分析；第二，在英语教学中，语篇教学是一个重要的组成部分，语篇教学能够帮助学生从更加全面和宏观的视角来分析英语这门语言，使学生掌握一定的知识点。

（四）语言与民族文化

语言和文化之间是相互影响和相互渗透的。如果不了解一个民族的文化，那么，对其语言的学习也就不全面。语言和民族之间也有着非常紧密的关系。民族具有两个非常重要的特征——共同的语言和共同的文化。每个民族语言的语言特征有两个方面的表现，一个是使用不同的声音来表示相同的事物，另一个是对于现实世界中的语义的理解不同。语言既在一定程度上对民族现在的心理状况进行了反映，也对民族的历史进行了记载。不论是民族的心理状态，还是民族的文化特征，都可以借助于词汇的语义来表现。在开展大学英语教学的时候，教师不只是需要讲授语言知识，还需要讲授语言的相关文化，这样的话，学生就能不只是知道语言知识本身，还能知道为什么语言是这样的。

1. 注重把握英语、汉语总体上的不同，应用于大学英语翻译教学

中国的传统文化比较崇尚事物本身，西方的文化比较崇尚思考。中国的文字是一种会意文字，其从整体的形象文字发展而来，既有文字的特点，也有图画的特征，其最初的形象是原始图画，经过一系列的变化，最后变成了线条，也就是象形文字，可以展现出一些比较简单的事物形象，给人一种直观和形象的感觉。汉族的形象性思维不断发展，最终促进了汉字的出现。西方国家的文字也是从图形转化而来，其字母的发展和汉语的象形文字存在相雷同的地方，但是，因为西方国家的文化崇尚思考，把具体化的形象变成了抽象性的思维，最终演变成了符号形式，也就不像汉字那么形象和直观了。中国人一直很崇尚“天人合一”，认为这是一种最高的境界，可以从整体上对事物的特征进行观察，从全局上对事物进行研究。这样的话，汉语就成为一种意合型的语言，没有词的形式的变化，关注的是结构和功能，依靠词汇来表达语法上的变化，根据语义的逻辑关系和动作的先后顺序进行词语和句子的排列，最终促使语言在功能上相契合，但是并不怎么注重形式表现。句子的结构都是把动词当作中心，一层一层不断推进。语义中比较重要的部分都在句子的末尾，比较不重要的部分都在句子的开头。西方文化倡导“天人相分”，把具体化的事物从整体上分割出来，先研究整体，再研究个体。在语言上的表现是，英语的词形有非常明显的变化，名词既有单复数，也有可数和不可数的划分，动词既有现在式，也有过去式，还有过去分词等的划分，从而形成各种各样的语法结构。英

语句子的结构核心部分是主谓语，其对各种各样的短语和从句进行统领。语义的重点在句子的开头，其他一些次要的成分会依次添加进去。

在大学英语的教学中，教师要把西方文化知识放在重要位置，因为这样的学习可以让学生体会到学习英语的乐趣，与此同时，还能不断拓宽大学生的视野。学生要对英语的相关文化背景进行了解，进而了解英语的语言规则和语法特点，在对英语和汉语进行相互翻译的时候，需要严格按照目的语的语言习惯，促使翻译出来的句子准确而自然，尽量不要出现英语式的汉语和汉语式的英语。

2. 大学阅读教学以介绍文化背景为前提

在外语教学中，跨文化交际当中的文化性因素具有非常重要的作用，特别是在大学英语课堂中的阅读教学和阅读相关文化背景知识有着非常密切的关系。我们要把语言材料和文化内容有效地融合在一起，讲授西方文化的背景，选用的文章要侧重于文化背景和文化的差异，还要设定和文章的单元主题相关的图片，采用的主要是听说等手段，通过网络媒体等形式，积极引入丰富的文化背景知识，促使阅读教学取得良好的效果。大学生的阅读兴趣可以被激发出来，课堂的氛围更加活跃，大学生在阅读的文章材料中可以对异国的风土人情、宗教政治等有一定的了解，感受作者的感受，培养自己阅读的习惯，最终促进自身的阅读技巧的提升。在课堂上讲授西方文化的时候，还要积极引导学生思考西方文化和中国文化之间有什么相同和不同之处，比如价值观不同等，对大学生的多元文化意识进行培养，促使中国文化和西方文化进行双向沟通和交流，在阅读文化教学中感受文化的差异带来的语言上的差别，更好地对英语进行表达。在大学英语课的教学中，因为上课的时间是有限制的，所讲授的内容也非常有限，故而，在课堂之外学习西方的文化知识就变得非常重要，这样的话，大学英语阅读文化教学就会取得更好的效果。大学生在课下的时间里可以开展自主性的学习，比如，阅读难易适中的纸质版的现代的英语杂志、报刊等，在线阅读关于西方文化的文章，比如，民俗风情、时政要闻等。

在把社会语言学的基本理论应用于大学英语的听、说、读、写等教学中的时候，大学英语教师发挥的是指导和引导作用，鼓励大学生在英语学习的实践中对社会语言学的相关理论进行有效的利用，最终促进学生的各方面能力的综合提升。

第三节　系统功能语言学在英语教学中的应用

一、系统功能语言学理论概述

系统功能语言学理论可以运用到各种语言的教学中，其成功的语言教学经验已被世界认可，在世界语言教学中被广泛运用，我国在语言教学中对此理论的运用较其他国家晚，借鉴别人教学成功经验的同时，也在深入研究具有我国教学特色的教学方法。系统功能语言学理论在语言教学中的运用目的主要是使学生了解作者语言组织信息、语篇结构、连贯流畅地传递信息的方法和作者的写作意图等。在英语写作教学中，系统功能语言学理论的运用得到了广泛的推崇，其主要采用主位推进教学模式，多样、多重主位灵活运用，再加上恰当的衔接手段，明确的写作意图，整篇文章的写作思路和结构就清晰可见了。所以，系统功能语言学理论在大学英语写作教学中的运用，可以从新的角度引导学生进行英语写作，教学生利用推进模式对文章进行分析，选择主位，运用恰当的衔接手段，明确写作意图，将语言形式与内在意义结合，展开写作，使学生更易掌握语篇的结构，指导学生有效地进行英语写作。[①]

二、系统功能语言学在英语教学中的应用

当前，大学英语教师使用的诸多教学法都与系统功能语言学理论密切相关。大学英语教学具有与初高中不同的特点，教学方法也更加灵活与丰富。在大学英语课堂中，教师与学生的互动更为多样，联系也更加紧密。在大学英语课堂中，教师更注重对学生语言应用能力的培养。教师应更加注重提高学生的思维能力和语言输出能力，而不应一味地灌输知识。针对大学英语课堂的特点，下文具体探析系统功能语言学理论在阅读课堂、听力课堂、写作课堂以及口语课堂中的应用。

（一）基于系统功能语言学理论的英语阅读教学

第一，教师通过分析标题和每段的第一句话，指导学生预测文章的主旨。

---

① 陈婧，胡登攀. 系统功能语言学视角下大学英语写作教学探究［J］. 四川理工学院学报，2011（10）.

读者阅读过程中一个重要的能力是预测能力。读者在阅读过程中，有时会停下脚步，问自己这样一个问题："接下来会发生什么?"然后在分析前文的基础上，找出答案。主题结构是实现文本意义的语法体系。分析主题结构的意义在于了解和掌握相关信息在语篇中的分布情况。主题结构可以预测话语的发展方向，构建框架，预测作者的目的。标题往往提供了文章最重要的信息，每段的第一句话通常是每段的关键句。通过对它们的分析，教师可以指导学生预测课文的主旨。"预测"有两个直接的好处。一是，它帮助读者梳理和加深对文本的理解。二是，它加快了读者的阅读速度。预测的能力和习惯必须依赖于语言环境所提供的信息。

第二，根据主题结构、凝聚力、转折性、情态和方式，教师可指导学生对全文进行分析，构建全文的框架，弄清作者的态度。阅读是读者与作者之间通过话语进行交流的主动过程。教会学生如何阅读的目的，是培养学生了解作者的目的和态度以及正确理解全文的能力。所以，教师有必要指导学生如何分析语篇。

1. 通过寻找主题，指导学生构建框架。主题结构有助于整个语篇的逐步铺开，直至形成完整意义上的整体表达。

2. 在凝练的基础上，教师指导学生弄清句子内部或句子之间的关系，弄清文章的组织方式。为了阅读顺畅，读者需要明确文中句子内部或段落之间的关系。读者还需要清楚地知道文章的组织方式，如比较或对比、因果关系、时间顺序、并列顺序等。

3. 根据及物性，指导学生掌握句子的处理过程。在阅读过程中，读者需要了解相关的人、事物以及环境因素。因此，教师需要向学生介绍及物性，并利用它来分析课文。系统功能语言学中的及物性是反映概念功能的语义系统。它的功能是表达人们在现实世界中所做的事情、所看到的东西或听到的声音，将其分为几个过程，并指出过程中的参与者和环境要素。

4. 教师指导学生通过分析情绪和情态来弄清作者的态度。语言除了具有表达作者的经历和心理活动功能外，还具有表达作者的身份、地位、态度、动机和判断力的功能。在阅读之后，总会有一个问题涉及作者对事件或参与者的态度。因此，教师有必要通过分析语篇中的语气和情态来指导学生指出作者的态度。

第三，根据上下文语境，教师指导学生推断陌生词汇或表达方式的含义。对于学生而言，英语是一门外语，有时他们可能会遇到超出自己掌握水平的新词或表达方式。在他们每次遇到不认识的单词或表达方式时，为了获取新词的意思，都要查阅字典或电子词典，花费了大量的时间和精力。我们知道，英语词汇量非常大，遇到新词是很自然的，但如果你每遇到一个新词都要查字典，阅读就会变成一种极度枯燥的工作，最后你可能会失去耐心。新词都要在字典中查找，这是很不明智的，因为这可能会拖慢阅读速度，更糟糕的是，可能会影响对整篇课文的理解。为了解决这个问题，教师可以指导学生使用语境理论。语境不仅可以用来弄清词义，还可以应用在消除歧义、推断含义等方面。通过对语境的分析，包括分析句子中的其他词语或段落中的其他句子，或者利用已学的知识，教师可以指导学生推断陌生词汇或表达方式的含义。语境线索主要有以下几种类型，它们是定义、例子、反义词、同义词、常识等。如果教师指导学生熟练地利用好上下文线索，学生就更能推断出陌生词汇或表达的意思。

（二）系统功能语言学在大学英语写作教学中的应用

1. 推进模式的应用

在大学英语写作教学中，利用系统功能语言学理论进行教学活动，具有很明显的教学层次感，其进行英语写作教学的方法和模式也很新颖，此理论在大学英语写作教学中运用的是主位推进教学模式。主位推进教学模式就是指根据语篇中不同的主位，对语篇内的信息进行分析，了解语篇结构，写作意图和主位之间语言衔接方法等，主位推进模式关注的是语篇中的主位和述位之间如何构成联系，组成语篇的。① 所以通过对语篇中主位和述位的选择，根据主位推进模式进行英语写作就简单多了。

2. 多重主位并存

在英语写作中，为了写作内容的丰富，学生往往会运用许多的主位在自己的写作文章中，不同的主位之间，它们即是独立的，又是联系的。首先，在主位的选择上，它们是有联系的，为了突显写作文章的意图，选择的主位也必须体现文章的核心思想；其次，在写作文章的思想推进过程中，主位在文章中的先后排列也是有要求的，我们往往将突显文章思想最重要的一个主位放在最后，使文章在整体结构上也有递进；最后，主位又是相互独立存在的，它的独立性体现在本身内容的独立，在内容上，它是单独存在的个体。

3. 恰当的衔接手段

英语写作语篇中存在多个主位和述位，它们是互相独立的，又是有联系的。在大学英语写作教学中，系统功能语言学理论的运用可以帮助学生分析各主位与主位之间、述位与述位之间、主位与述位之间的联系，并可以清晰地看

---

① 廖传凤. 系统功能语言学在外语教学中应用研究综述［J］. 山东外语教学，2011（6）.

到将它们紧密联系在一起的语言衔接方法。① 所以运用恰当的语言衔接手段可以使整篇写作文章思路紧密、清晰、流畅。

4. 语篇结构

在英语写作过程中，理清写作思路，明确写作结构是成功写作的第一步，只有掌握了英语写作语篇的整体结构，才能写出条理清晰、结构缜密、意图明确的好文章。在大学英语写作教学中，系统功能语言学理论的运用，使学生在充分理解语篇信息，了解语篇中主位信息，主位之间的衔接方法和语篇写作目的的基础上，通过主位推进教学模式，掌握语篇写作结构，有利于写作的进行。

5. 写作意图

写作意图是整篇写作文章的灵魂，人有了灵魂才有生命，写作也是如此。写作语篇只有有了它的核心思想，才能称得上是一部成功的作品，不管选择怎样的写作内容，采用怎样的写作方法进行写作，都不能违背写作意图，必须严格地围绕写作意图，进行写作。在大学英语写作教学中，系统功能语言学理论教学法就是在严格遵循写作意图的基础上，利用主位推进教学模式进行写作教学的。

（三）系统功能语言学在大学英语翻译教学中的应用

对于学习英语的学生来说，英语翻译一直都是一个难点，即便是一些非常简单的文章的翻译，很多学生也不能做到完全翻译正确。现在的大学英语四、六级考试和其他的一些英语资格考试中的翻译也是提出了越来越高的要求，翻译出来的句子不只是要通顺、语法正确，还要尽可能地做到翻译的文字“信、达、雅”。长时间以来，大多数的学生所理解的英语翻译实际上就是记忆单词、词组和句型，然后把这些单词、词组和句型组成还算是通顺的句子。针对这样的问题，功能语法中的概念元功能对于学生的翻译能力的提高具有非常重要的作用。系统功能语言学家高度关注语域理论，这一理论在系统功能语言学中占有非常重要的地位。语域理论认为，原文和译文不只是在形式上是对等的关系，在词汇、语法和意义上也是对等的。但是呢，我们所说的对等，并不只是概念意义上的对等，而是概念意义、人际意义和语篇意义上的对等，也是源语言和目标语言在功能上的对等。所以，当翻译人员在翻译的时候，一定要确保翻译出来的文本把原文的语域特点表现出来，可以较为准确地把原文中的情

① 李艳. 系统功能语言学角度分析主位及主位推进模式在大学英语写作教学中的应用 [D]. 呼和浩特市：内蒙古大学，2012.

境表达出来，这样的话，在不同的语言中，语篇在同一语境中的作用就是相同的。刚刚接触翻译的大学生要不断培养自身的翻译思维，给予语域一定的关注。

因为有语域相关理论的指导，故而，在翻译的时候，学生就能更为深刻地理解句子，不再只是生搬硬套地使用单词词组，而是非常有序地翻译整个句子。在讲课的时候，教师要把各种各样的翻译过程和方法与语篇材料有效地结合起来。在对语篇的过程进行分析中，学习人员可以更好地理解语篇的概念意义。在功能语言学中，人际语言功能所具有的言语功能可以帮助学生更好地理解原文的意思。语言的人际功能就是通过语气结构和情态系统体现出来的。我们可以把语气结构划分为两类——给予和取。语气结构主要是通过话语角色的关系体现出来的。教师在讲授情态系统的时候，要把情态意义的言或者语当作中心，还要在具体的情境中对学生的情态成分的使用能力进行训练，这样的教学方式推动了语篇分析的思维的扩散，从而更好地理解语篇，进而开展语法教学。在翻译人员的亲自参与中，这样一种功能是比较适用的，从而在更深的层次上理解原文所表达的含义，进而理解全篇的内容。

（四）系统功能语言学在大学英语听力教学中的应用

在大学英语学习过程中，听力是学生比较难以攻克的部分。教师可将与系统功能语言学的语境理论密切相关的情景教学法应用于听力教学中。情景教学法的优点在于能够提供具体的语言应用场景，学生可以通过这些场景中的人物话语来学习各种语言功能和结构。教师可以在听力教学中设置贴合学生生活的场景，比如医院、商场、电影院或高铁站等，帮助学生更好地理解所听到的内容，提高学生使用语言的能力。

（五）系统功能语言学在大学英语口语教学中的应用

英语语言教学的最终目的是提高学习者用英语进行交际的能力。交际教学法是以语言功能和意念项目为纲、培养学生在特定的社会环境中运用语言进行交际的一种教学法。交际教学法的本质在于“运用语言来学习”以及“学习使用语言”，而不是“学习语言”，更不是“学习有关语言的知识”，能够更好地帮助英语学习者提升表达的流利度和语言丰富性。交际教学法认为测试应该是互动的、真实的且不可预判的，这与口语教学的特点是一致的。交际教学法能够帮助学生在相对真实的情景中进行有效的沟通交流，这对口语教学有着重要意义。

第四节　语料库语言学在英语教学中的应用

要想学习语言，就需要积累足够量的信息，当然，这就需要进行阅读。学习人员阅读能力的大小对其获取信息具有重要影响，也可以说是语言教学中一项比较重要的内容。在基础教育的英语考试中，阅读理解能力的测试所占的比重非常大。大部分学生都认为英语学习是非常困难的，学习单词只能是依靠死记硬背，发音也不是很准确，以上这些都是英语教学的工作人员想要改变的情况。我们要想对学生的英语学习兴趣进行有效的培养，最重要的就是提高学生的英语阅读能力。英语教学的方法从传统意义上的语法翻译法、自然法等变成了现在的任务教学法，所取得的成绩是非常显著的。我们要想进一步促进学生的阅读能力的提高，就需要借助于网络。从 1980 年开始，语料库语言学在国外的发展是非常显著的，中国也开始在英语阅读教学中使用多媒体。

一、语料库语言学概述

语料库指的是“存放语言的仓库”，但是这个仓库并不是传统意义上所理解的仓库，语言也不是杂乱无章地堆放在一起的。语料库是一个包含了大量真实存在的语言信息的资料库，主要用于语言研究和应用。语料库语言学则是以语料库为研究对象的一个研究领域，通过对语料库中的各种资料进行分析所得出的语言方面的规律，用于对语言进行深入研究。当前，关于语料库语言学是否是一门独立学科的说法，主要有两个观点：第一，有的学者认为，语料库语言学拥有自己专门的理论体系和研究方法，从这个角度来讲，语料库语言学可以算作一门独立的学科，另外，在语料库语言学研究过程中还加强对计算机技术的应用，利用计算机手段对语料库中的资料进行检索、整合、统计、分析等，所得到的结论对于语言理论的拓展具有十分重要的意义。第二，也有一些学者认为，语料库语言学的基础是大量的语言材料，可以用这些语言材料解释之前我们没有解释得成的语言问题，是对语言研究方法进行拓展的结果，从这个角度来讲，语料库语言学只是一种研究方法，而不是一门独立的学科。这两种观点都是对语料库语言学的定位，但是更多学者倾向于第二种，因为在对语言学进行研究的时候，语料库是材料的来源地，所以语料库语言学的研究是借助这些材料对语言学领域的问题进行回答的过程，是一种研究方法。

语料库语言学理论是从 20 世纪 60 年代开始出现的，其发展主要经过了四个阶段：第一个阶段是 20 世纪 60 年代产生的小型语料库，其研究的规模是百万词级，以语言为研究导向。第二个阶段是从 20 世纪 80 年代开始出现的大型语料库，此时计算机技术得到了快速发展，在语料库研究过程中所使用的技术更新颖，产生的语料库规模也更大，通常是千万词级，重占放在语言应用上，可以将语言用于词典编撰等方面。第三个阶段是从 20 世纪 90 年代末期开始建立的动态语料库，规模更大，一般是上亿词级，而且在语料库中有标准的编码体系，可以形成更加规范的语料库。第四个阶段是从 2005 年开始所形成的电子网络语料库，这个阶段是随着计算机技术的进一步延伸和拓展所产生的一次变革，最显著的特点就是可以在国际互联网上设置搜索引擎，融入了互联网技术，将互联网上的海量的语言信息作为一个巨大的、开放的语料库，这个语料库中的语言材料是随时更新的，而且搜索的范围十分广泛。

我国对于语料库的研究始于 20 世纪 80 年代中期，从我国语料库建设过程可以看出，我国在对语料库语言学进行研究的时候主要注重三个方面：第一，注重建设语言学习者的中介语语料库，语言是国际化背景下的一种重要的沟通工具，为了提高学生的语言应用能力，必须要建立便于开展语言学习的中介语料库。第二，注重建设汉语语料库以及双语或平行语料库，汉语和外语之间的相互交融是不可或缺的，在学习一门新的语言的时候很容易受到自己母语的影响，对此要加强对汉语与外语之间的匹配。第三，注重建设语言教学语料库。语言教学是高校教育过程中的一门重要学科，在教学过程中，语料库发挥了十分重要的作用，可以拓展学生的视野，提高学生的语言学习水平，所以将语料库语言学与语言教学结合起来，也是我国语料库语言学研究的重占内容，而且当前语料库语言学已经在语言教学过程中有十分广泛的应用。

二、语料库语言学对于大学英语教育的重要意义

在大学英语教育中，所涉及的知识面日益拓宽，语法知识深度进一步拓展，语言应用技巧相对来说更为复杂，在这样的情况下，通过语料库语言学的有效应用，可以进一步有效增强英语教育的意义，使学生在针对相关英语词汇语法，进行背诵记忆分辨的过程中，能够呈现出更加良好的学习成效，同时，也更有效地分辨出语料库中的近义词，在语料库语言学的指导之下，更有针对性地进行词义的推测和词语的搭配，更有效地进行英语写作，为其写作水平提升提供巨大的助力。同时，在实际学习环节也可以在更多元化的学习内容和语言材料的基础之上，使英语学习内容融合成为一个有机整体，进而实现更加标准、更加规范的学习和应用，在固有的体系中呈现出事半功倍的学习效果。语料库语言学是以更真实有效的语言资料为基础而呈现出的教育模式，因此呈现

出更加真实客观且可证的优势。在大学英语教育过程中引入语料库，这样可以突破传统教学模式中学生的被动局面，进一步激发和调动学生的积极性、主动性，使其主体地位得到充分的确立，教师进行相对应的引导，让学生更充分地接触和应用大量的真实语料，同时对其进行分析和应用，及时解决学习过程中可能遇到的相关问题。

三、语料库语言学在英语教学中的应用

（一）语料库语言学在英语词汇教学中的应用

在英语教学之中，词汇教学是基础。在传统意义上的英语课堂中，教师把更多的时间放在英语单词的发音、词形和词义的讲解上，监督学生一遍一遍进行记忆。学生所掌握的单词的用法和意义通常都是比较单一和死板的，当真正进行运用的时候，就会显得非常贫乏。有一些学生甚至还会找一些汉语中的对等词来记忆英语单词，这样的话，不只是浪费了精力，还会产生一定的误解。现实的语言环境中的词语并不是单独存在的，而是和其他词语相互搭配起来，并且产生共同的意义。从词语的搭配词，我们可以知道这个词语的含义。这样一种情况就存在于语料库语言学之中，我们可以称之为词语的“结伴关系”或者“共现关系”。统计学的定量分析认为，如果一个单词和另一个单词一起出现的频率达到了一定的标准，我们就可以称之为搭配关系。时代不断发展，人们对词语的搭配重新进行了界定，那就是，以相同的形式超过一次重新展现，并且具有较好的语法规则，还考虑到搭配中的语法因素等。这一种对词语搭配的界定都比较强调搭配对词汇学习的重要意义。学习人员最后能不能真正掌握英语，最为重要的就是看其能不能对典型搭配进行较为熟练的运用。现代语料库的应用促使词汇教学不再只是简单地讲解单词，教师可以借助于丰富多彩的语言材料，让学生体会到词语搭配的意义，进而改善教学的效果。

在词汇教学中，运用语料库的最为基本的方法就是：输入需要讲授的词也就是“节点词”进行搜索，找到这个词在语料库中的所有的搭配词。在每一行的索引中，节点词都处于中间的位置，左边和右边形成一定的语境的词语被称为跨距。在教学之中，我们可以根据单词的数量来设定跨距的长度。在实际进行统计的时候，教师要去掉那些偶尔才会出现的词语，只有那些和节点词经常出现的词语才能被称为典型搭配。经过一系列的事实，我们发现，节点词存在的意义就是和与其结伴出现的词一起存在，也正是因为典型搭配促使节点词具有非常丰富的含义。教师借助于典型搭配，把节点词的含义和使用方法呈现出来，这样可以增强学生对这个词的印象。在词汇教学中应用语料库，既能减

轻教师讲解词汇的压力，提高教学的效率，还能促使学生从被动型学习转变成研究型学习。

（二）语料库语言学在英语阅读教学中的应用

我们要想促进学生的语言理解能力的提高，一定要经历的一个过程就是阅读，英语教学也是同样的道理。在英语教学中，我们要不断促进学生的阅读理解能力的提高，丰富阅读量。阅读训练的教材非常丰富，比如英语文学作品、新闻等。语料库软件中含有大量的语言材料，学生可以从这些语言材料中选择自己喜欢的阅读材料，从而定时定量进行阅读，通过不断的积累，最终促进自身的阅读能力的提高。在开展英语阅读教学的过程中，因为一些学生的英语基础比较差，自己找不到适合自己的阅读材料，这个时候，教师就可以推荐一些阅读材料给这些学生，让学生参照着中文进行阅读，等到自身的阅读能力得到提高以后，再单独阅读纯英文的材料。当学生阅读了大量的英文材料以后，其就会形成一定的语感，对英语的理解就会更加透彻，在真正进行写作的时候，就会感到非常轻松，最终也会慢慢喜欢上英语。以前那种死记硬背的学习方法被改变了。在开展英语阅读教学的过程中，我们把语料库和英语阅读教学有机结合起来，这样就能更好地发挥学生的主体作用、教师的辅导作用，促进教学质量的提高，让学生把自己学到的知识应用起来。

（三）语料库语言学在英语教育语篇导入中的应用

语篇是英语交流过程中使用的一系列连续的语段或者句子所构成的语言整体，语言不是存在于零散的词句中的，而是存在于连续的语篇中，只有在连续的语篇中语言才有意义。随着现代语言学的不断发展，语篇在语言学中的重要性也越来越高，早在世纪六十年代就开始对语篇进行单独分析，语篇是分析语言本质的重要载体，但是在传统的英语语言教学过程中，教师十分注重对语法、句子等进行讲解，将不同的内容单一列出来讲解，让学生掌握了很多基础知识的时候反而忽视了对整个文章的理解，没有一个整体的语篇概念。但是学习英语的时候，建立整体的语言概念是十分重要的，所以在英语学科语言教学过程中必须要帮助学生建立起一种全局概念，将语篇作为语言教学的导入部分，强调了文章的整体性以及不同句子之间的联系。在英语学科语言教学过程中，基于语料库开展教育，为教师导入语篇提供了良好的基础。例如在开展英语语法教学的时候，可以首先让学生阅读相关的文章，教师可以从语料库中检索出与这个语法相关的语篇，从而给学生推荐文章，让学生了解文章结构，从整篇文章的角度出发去对某个语法知识进行分析。在导入英语语篇的时候，教师还可以与学生开展互动，提炼出文章中的几个关键词，将关键词告知学生，让学生根据教师所提供的关键词来猜测整个文章的含义，这种方法可以有效地激发学生的学习积极性，让学生更积极主动地融入课堂中来。

（四）语料库语言学在英语语境教学中的应用

语境是使用英语时的环境，语境会直接影响语言的使用，在不同的语境下，语言的使用规则不相同，即使是同一个语言也可能因为语境的变化而改变其含义，所以在语言教学过程中必须要结合语境开展教学，让学生学会理解语境、分析语境，从而提高语言应用能力。英语教师可以开展语境猜词教学，语境猜词是在给定的句子中猜测某一个单词或者整句话的含义，在一个语篇内部，语境是相互关联的，上下文之间的联系也是通过语境之间的承接来完成的，学生在学习语言的时候，经常会感觉到困惑，即一篇文章中的单词的含义是知晓的，但是将这些单词放入到句子中就理解不了了，这就是因为没有把握好语境，因为一个单词不仅仅只有一个含义，而是有多个含义的，在不同的语境中要学会对不同的单词的含义进行理解和体会，才能准确地分析出语篇的含义。在与人进行交流的时候也是一样的情况，对方所说的话语可以理解为一个语篇，在不同的对话场景中单词的含义是不同的，所以在学习新语言的时候，必须要从语境分析的角度着手。教师可以利用语料库中的资料，对单词的常见含义、在不同的语境中所表达的意思进行讲解，并且可以将这些知识整理起来，形成规范的列表，便于学生记忆，在课后学生可以根据教师提供的资料自行学习，还可以与其他学生进行合作，比如开展对话练习，对同一个单词的不同用法以及词汇和语境之间的关系进行理解，提高语言应用能力，学会更规范、更流畅地使用新语言进行对话。

第三章　计算机辅助下的英语教学探索

科技的进步和信息技术的飞速发展给传统教学带来了深刻的变革。为发挥现代教育技术的普遍性作用，英语教师的计算机技术素质必须与英语学科相结合，从而优化课程教学，提高教学效果，达到培养学生综合语言应用能力的教学目的。本章主要论述了计算机辅助英语教学的基本理论与原则、计算机辅助语言教学、机器翻译及机辅翻译工具、英语教学中网络资源的利用、计算机辅助英语教学评价等内容。

第一节　计算机辅助英语教学的基本理论与原则

一、计算机辅助英语教学的基本理论

（一）计算机辅助英语教学的基本特征

1. 整合多种媒体设备于一身，为外语教学提供了更为先进的教学手段

和传统意义上的视听设备进行比较，多媒体计算机不只是具有传统媒体设备的最基本的功能——提供文本信息，还能提供语音信息、图像信息和综合性的信息，为学习人员提供多种多样的多媒体学习资源。各种各样的媒体信息都经过了数字化的处理，其所具有的教学资源的容量非常大，编排和使用起来都比较容易，对于教师使用教学硬件设备也没有很高的要求。在教学的时候使用先进的技术手段，既能增强学生学习的兴趣，还能提高教学的效果。

2. 与当前的外语教学理论相一致

外语教学内容经历了从重语言知识到重语言知识和语言技能相结合，从重语言和文化到重语言能力和内容教学的过程。当今外语教学的显著特点和发展

趋势是以有意义的语言交流为基础，用目的语学习目的语的知识并获取其信息；外语教学以学习者为中心，为学习者提供自主学习和合作学习的机会。计算机辅助英语教学能满足当前外语教学理论的基本要求。在计算机环境下，无论是教师还是学生，均可以通过计算机直接参与教学并提供和获取反馈信息，使计算机辅助教学能通过输出设备以更大的灵活性呈现各种信息，通过输入设备接受各种信息，并对输入信息进行判断、处理，从而顺利完成整个教学过程中对教学信息的处理和双向传递，使得外语的个性化教学成为可能。

3. 教师和学生的角色发生了转变

传统意义上的英语教学的主体就是教学自身，教学过程是：先学习单词，然后学习课文，再学习语言点，又学习语法点，最后进行练习。这样的教学模式对于学生的创造性思维的发展具有非常不好的影响，也对教师的知识空间具有一定的限制性。在语言教学中，计算机技术的应用促进了互动性的发展，学生可以开展个性化的学习，积极开展合作与探究，教师不再只是知识的讲授人员，而是更加具有多元性。学生不再被动地接受学习内容，而是主动获取知识，变成了学习的主体。在实际的学习过程中，学生对自我进行设计，主动参与其中，并且对自我进行有效的调节和控制。

（二）计算机辅助英语教学的必要性

1. 计算机辅助应用于英语教学是时代发展的需要

21 世纪是一个信息技术爆炸的时代，这个时代和以往的时代具有显著的差异。在知识大爆炸的时代，每个人每天都会接触到很多新知识，学生获取知识的途径也不再仅仅局限于课堂中，这也会对我国传统的教学模式产生较大的冲击。对于英语教学而言，把先进的计算机辅助技术引入英语教学中迫在眉睫，这是一项重要的改革。

在新的时代背景下，我们需要不断改革我们的教育方式和手段，从而使教育能够紧紧跟上时代的发展脚步，使学校教育培养出来的学生能够掌握学习的方式，从而快速学习新的知识，避免与时代脱节的现象发生。这就需要教师把计算机辅助技术引入到实际的英语教学中，从而不断完善我国现代英语的教学思路和方式，提升英语教学的质量。

在信息知识暴增的新时期，社会中每个人的分工都变得更加细微，而且各个大型的企业都对招聘的人才提出了更加具体的要求，这些企业在招聘的过程中更加重视毕业生的综合实力，而不是某个学科的素质和能力。[①] 因此这就要

---

① 杨锐. 试论现代教育技术与创新人才培养［J］. 计算机产品与流通，2019（2）.

求我国高校的培养目标也要做出相应的调整，从而提升大学生的综合实力，为社会的发展培养更多有用的人才。

对于英语这门语言学科而言，高校一定要准确定位英语学科的地位，科学规划英语学科的发展，采用现代信息技术辅助英语教学，从而提升英语教学的职业性、实用性。

2. 计算机辅助应用于英语教学是英语学科发展的需要

在全球一体化的今天，中国与世界各国之间的联系和贸易往来变得越来越密切，在这个过程中，英语发挥了重要的作用，它是重要的沟通工具。因而将计算机辅助应用到英语教学中也是英语这门学科发展的客观需求，它能够为学生的英语学习提供更多的学习资料和学习环境，能够为学生的英语口语练习提供更多的机会等，从而让学生敢于开口说英语，敢于用英语和他人交谈等。

目前，我国很多高校都在大力推行课程改革，这也使英语教学发生了一定的变化，即很多高校的英语课时变得比较紧张。众所周知，随着时代的发展和社会的进步，英语的教学内容在不断增加，这样高校比较紧缺的英语课时已经难以满足实际的英语教学需求。因而高校的英语教师为了高效地完成英语教学的内容就需要采用计算机辅助，这样可以解决上述的现实教学问题。

随着高校逐渐将计算机辅助引入各个学院中，很多学院的教师都取得了不错的教学效果，英语教学也不例外。对于高校的教育改革而言，利用先进的教育技术就是一种重要的改革途径，同时计算机能够优化教学环境，为教师和学生提供现代化的自由教学场所，使学生能够自由自在地开展学习活动。

把现代信息技术应用到英语教学中可以拓宽英语教学的内容、丰富英语教学的手段并使英语教学的资料变得更加多样化。这样也能够提升学生的英语学习兴趣，使学生乐于学习英语。在英语的网络学习平台中，如果学生在学习的过程中遇到了问题，学生可以通过网络及时地与英语教师或者其他同学沟通，请求他们的帮助，同时学生可以在网络教学平台中搜索自己感兴趣的英语资料，开展自主学习，这种学习的效率更高。

3. 计算机辅助与英语教学能够完美契合

在实际的英语教学实践中，教师要想将计算机辅助融入英语教学中，就需要深入地研究英语教学的过程以及各项教育技术的应用。在此基础之上才可以把二者完美地契合在一起。

（1）计算机在英语教学中的定位

为了更好地将计算机应用到高校的英语教学实践中，我们首先需要确定计算机辅助在英语教学中的定位，这样才能在英语教学中合理恰当地使用计算机辅助手段为英语教学服务，才能够合理分配传统课堂教学和计算机辅助教学的授课时间。

计算机是教学的辅助工具，用来实现英语教学的优化。虽然计算机辅助具有很多显著的优势，然而在实际的英语教学中，计算机辅助实际上就是一种教学辅助工具的作用，它和教师在传统教学中使用的黑板、粉笔等教学工具的作用是一致的。这就是计算机辅助在英语教学中的定位，即它是一种高效的英语教学辅助工具。由此可知，计算机辅助确实可以为英语教学提供很多便利条件，然而真正对教学的质量产生影响的是教学中的“人”，而不是这些技术本身，所以英语教师在英语教学实践中要合理地开发和利用计算机辅助，从而使其更好地为英语教学服务。①

无论在任何一门学科的教学中，教师的作用都是巨大的，即使再先进的计算机辅助也无法取代教师在教学中的作用。对于英语教学而言，教师将计算机辅助引入英语教学中的目的在于丰富学生的视野，使学生可以获取更多的英语资源或者激发学生的英语学习兴趣，而不是向学生展示计算机辅助的高端或者绚丽。教师和学生都一定要明确计算机辅助在英语教学中的定位，只有这样教师和学生才能在教学和学习中合理地利用计算机辅助，而不是把它当作学习的全部。

计算机辅助与传统教学媒体和教学手段的关系。在英语教学中运用计算机辅助，师生不仅要明确计算机辅助的定位，还要正确区分计算机辅助与传统教学媒体之间的关系。实际上，二者并不是一种完全对立的关系，计算机辅助是对我国传统教学媒体的一种补充。虽然计算机辅助具有很多传统媒体无法比拟的优势，但是它也不是全能的，它也存在一定的缺点，因而教师在实际的英语教学中应该结合计算机辅助和传统的教学媒体，综合采用这些教学媒体来为学生提供教学的课程。此外，在英语教学中，并不是所有的课程都适合采用多媒体等技术手段授课，而且不同的课程类型应该采用不同的媒体形式。

（2）计算机辅助条件下英语学科的特性

英语的工具性与人文性的统一。无论是在小学教育中，还是在中学教育和大学教育中，英语都是一门十分重要的学科。和其他的学科教学特点进行对比就可以发现，英语这门学科具有很强的工具性，人们在不同阶段学习英语的最终目的就是为了在实践中运用英语这门语言，方便与他人进行英语沟通。因而英语教师和学生都要明确英语学科的工具性特征。这就要求英语教师在日常的教学中要多为学生创设较多的英语练习机会，让学生在实践中运用英语，从而提升学生的英语综合能力。而英语的人文性则体现在，英语教师在教学中要引

① 殷盛普. 现代教育技术下的英语教学［J］. 现代职业教育，2016（12）.

导学生学习和了解中国的传统文化，并用英语向其他人传递中华民族的优秀传统文化以及传统美德等，塑造学生的人文精神，培养学生成为积极、乐观、豁达的人。

从本质上进行分析，英语的工具性和英语的人文性二者之间的关系是十分紧密的。师生重视英语工具性是实现英语人文性的重要基础，而师生重视英语的人文性才能更好地推进英语工具性的发展。二者是一种相辅相成的关系。

英语的言语性与情感性的统一。众所周知，英语是一门重要的语言，因而英语这门学科的另一个显著特点就是言语性。实际上，学生在学习英语这门学科的过程就是学生在了解和学习一门语言的过程，这其中包括学习英语语言的词汇、短语、语法、句式以及固定搭配等，并学习在实践中运用这门语言。英语学科的言语性就是指师生学习英语的最终目的就是使用这门语言，因为英语的一切教学活动都必须紧紧围绕着英语的言语活动。

对于英语这门学科而言，其情感性的表现为如下几点：第一，从教学主体的视角分析英语学科的情感性。在实际的英语教学中，无论是教师和学生，他们都是带有情感的个体，他们在教学过程中的接触都是有情感的，即教师尊重和保护学生，而学生热爱和尊敬教师等。在师生交往中，情感因素发挥了重要的作用；第二，从教学目标的视角分析英语学科的情感性。在相关部门制定的教学目标中，情感目标的实现是一项重要的教学目标。在英语教学中，其情感目标就是要培养学生具有阳光、豁达的情感，使学生乐于并敢于开口使用英语交流；第三，从教学内容的视角分析英语学科的情感性。在英语教学实践中，教师通常是通过讲解一篇一篇的英语课文来讲解英语的相关知识点，而英语的每篇课文实际上都包含作者的情感，是作者某种情感的表达和倾诉。总而言之，英语这门学科具有丰富的情感性。

由此可见，在英语教学实践中，英语这门学科的言语性和情感性是联系紧密的，具体表现在：第一，学生在学习英语言语的过程中学习和感受言语中体现的情感因素；第二，学生也可以通过英语这门语言来表达自己的情感，抒发自己的看法等。①

信息时代英语教学内容的新特点。众所周知，英语这门语言实质上就是一种沟通和交流的工具，它也是传承文化的重要载体。在中国，无论是什么阶段的学生都要学习英语，由此可见英语是一门基础性的学科，其具有重要的学习价值。在具体的英语教学中，它可以分为英语听力教学、英语口语教学、英语阅读教学、英语写作教学、英语翻译教学等部分。在信息技术时代，英语的教

① 白凌霄. 浅析现代教育技术在大学英语教学中的应用［J］. 才智，2017（26）.

学内容都发生了较大的改变。在英语阅读教学中，教学需要引导学生掌握阅读的技巧和方法，使学生能够快速、高效的阅读。在传统的教学模式中，学生阅读的英语资料主要是纸质的资料，在信息时代，学生除了可以阅读纸质的资料以外，学生还可以阅读大量的电子版资料，这就要求学生一定要掌握一定的阅读技巧，如寻读、跳读等，从而使学生可以在大量的电子资料中找到有用、有价值的信息。

在英语的学科教学中，英语的写作教学是其教学中的重要部分。在信息技术时代，个体与不同个体之间的沟通方式不再局限于书信往来或者电话等，人们更多的是采用电子系统来交流，这就需要高校大力改革英语写作的教学方法。学生在英语写作中一定要流露出真挚的感情，这样的作文才能够吸引他人的目光，因而借助于计算机辅助，不仅能够提升学生的英语写作技巧，还能辅助教师批改学生的英语写作作文，同时加强了教师与学生之间的互动。

在实际的英语教学中，英语口语交际实际上就是要大力培养学生的英语口语水平以及听力水平，让学生在英语交际中能够听懂对方的语言，并且能够用英语表达自己的思想和看法等。在信息技术时代，人们都已经意识到英语口语表达的重要性，然而现实却是，我国大多数高校的英语教学还是采用传统的教学方式，我国培养出来的大学生他们能够看懂英语的文章，却不会也不敢用英语与他人交流和沟通，因而我国的高校一定要改革英语的口语教学方式。将计算机辅助应用到英语口语教学中能够为每个学生提供练习口语的机会，使学生敢于开口说英语并及时发现自己的英语口语问题，从而提升学生的英语口语能力。

（3）计算机辅助与英语教学的融合

著名的教育专家何克抗教授曾经指出，计算机辅助和课程进行融合的本质就是利用先进的教育技术来激发学生的学习兴趣，使学生运用这些教育技术主动开展自主学习活动。教师也可以利用计算机辅助为学生创设一定的情境，从而优化学生的学习环境，培养学生的创新精神和实践能力。①

基于教育专家的建议，把计算机辅助和实际的英语教学融合就是指，教师在一定的教学和学习理论指导下，在英语教学中充分运用计算机辅助，深度挖掘计算机辅助的优势，根据不同的英语课程特点选择不同的教育技术，从而创新英语教学的方式，改善英语教学的质量。

---

① 何克抗，付亦宁. 开创有中国特色的教育技术理论与实践之路——何克抗教授专访［J］. 苏州大学学报，2017，5（4）.

二、计算机辅助英语教学的基本原则

（一）目的性原则

教师的语言观和语言学习观对教学方法具有重要的影响，当然，教学的目的也会对教学方法产生一定的制约作用。教学目的不一样的话，采用的教学方法也就不一样。计算机辅助英语开展教学具有较强的目的性。大家都知道，在教学的过程中，我们之所以使用计算机，主要的目的就是促使教学过程实现最优化。从宏观上来说，教师要对《教学大纲》或《英语课程标准》的总体化的要求有所了解，把培养的目标明确下来；从微观上来说，教师要把每一个单元或者每一节课的教学目标明确下来，在教学的时候选择合适的教学内容，采用合理的教学手段。换句话说就是，在开展教学的时候，教师要对学生的个人情况和教学大纲的要求有所了解，带有一定的目的性地选择教学的内容和媒体技术，积极采用比较现代化和科学化的手段，向学生传授语言知识，把学生的各个器官都调动起来，不断开发学生的潜能，提高学生的语言能力，最终实现一开始预想的教学目标。

（二）以学生为中心原则

我们都知道，英语的实践性非常强，学生只有经过大量的实践才能对英语进行有效的运用。在开展英语教学的时候，学生是学习的主体，教师要把学生当作中心，所有的教学工作紧紧围绕学生展开，为学生创造良好的语言学习环境，让学生积极参与到语言的学习活动中，让学生根据自己的实际情况选择合适的教学内容，对自我的学习进度进行有效的安排。在计算机的辅助性教学之中，人和机器是相互交流的，学生亲自动手操作，主动进行思考，这样的话，其内部的学习动机就会被激发出来。在学习语言的时候，如果学生遇到了一些难题，其可以求教于教师，也可以和同学进行讨论，还可以借助于网络上的资源加以解决。在开展学习的时候，教师主要发挥指导和引导作用。计算机辅助教学的内容量非常大。在教学的时候，教师要把学生当作学习的主体，较为科学地安排教学的进度，对各种各样的媒体技术和资源进行合理的利用，还要了解学生的学习效果，并针对性地调节教学的内容和手段，最终实现教学的良好效果。

（三）情景与交际性原则

语言的学习和社会文化的背景之间有着非常密切的联系。外语的学习既包括语言知识的积累，也包括语言交际能力的提高。怎样才能培养交际能力呢？这就需要学习人员在一定的语言情境中，对所学习的语言知识和技能进行积极的练习和使用。在真实的情境中，学生的联想思维可以被激发出来，促使学生根据自身已有的认知经验来探索新的知识，建立新旧知识之间的联系，并且赋予新知识一定的意义。计算机辅助教学还可以应用于英语教学的听、说、读、写等各个方面，促进语言的交际活动。教师要对多媒体计算机和互联网进行有效的利用，积极为英语教学创造良好的语言情境，促进学生的交际能力的提高。当然，我们要想培养交际能力，就需要培养学生的跨文化意识。在外语教学中，跨文化意识的培养也是一个非常重要的内容。语言和文化之间的关系是非常密切的。学习外语的过程实际上就是学习外语文化的过程。语言可以说是文化的载体，文化可以说就是语言的底蕴。在学习语言的过程中，如果我们忽略了文化的学习，那么，语言的学习也就没有什么意义了。所以，计算机辅助教学应该对自身的优势进行积极有效的利用，在一定的语言情境中对学生的跨文化意识进行培养，最终促进学生的交际能力的提高。

第二节　计算机辅助语言教学

一、计算机辅助视听教学

视听教学在教学设备上经过了从早期的视听设备如留声机、电影放映机到较为现代的磁带录音机、数字多媒体语言实验室的发展和进步；在技术手段上从物理录音、电视机播放更新为集多媒体技术为一体的计算机辅助教学；在教学内容上从单一的课程配套录音、广播扩展到电视、网络全方位多元化丰富的视听资源。教育技术和教学手段的发展促使英语教师改变教学观念，加强信息技术的应用能力，以提高英语视听教学的效果。

（一）视听教学的基本步骤

在基础教育阶段，英语教学是没有专门性质的视听课的，大多数的视听课都是穿插在教学中的。视听教学是一项技能性的训练。我们可以把视听教学划分为这样五个基本的步骤。

1. 教学题材的选择

我们要根据《英语课程标准》、教学的内容和需要等来选择教学的题材。

视听教学的题材有很多，比如，课文的录音、和课文配套的动画片等。在英语教学的初始阶段，教材的每个单元都有与之相配套的视听素材，是可以直接使用的，当然，也有一些素材是需要到相对应的网站下载的。当英语教学进入中级阶段和高级阶段以后，教师通常都需要自己寻找视听素材。在对材料进行选择的时候，一定要把握好难易程度，从容易的开始，逐渐过渡到难的材料，不能太过急于求成。

2. 视听素材的采集

我们可以通过四个渠道获取视听素材：一个是课本的配套的素材，这样的素材具有较强的针对性，和课文的难易程度相吻合；第二个是就是市面上的视听材料，这样的视听材料是非常之多的，最主要的就是影视和动画片，具有较大的难度，教师必须具有较强的选择能力；第三个是网上下载的各种各样的视听素材，比如，影视、名家的演讲等，虽然说这样的素材是最为真实的，但是，在实际使用的时候，不能确定难易的程度，还会存在下载和版权的问题；第四个是教师自己采集材料并自制成素材，根据教学的内容，教师可以现场录制视听素材，或者对自己平时积累的材料进行一定的编辑从而形成和教学内容相符合的视听素材，这需要教师具有一定的信息技术方面的能力。这四种渠道获得的素材都是可以采用的，不论采用的是哪一种方式，都要把视听素材转变成数字化的格式，这样才能在视听工具上进行播放。

3. 电子课件的制作

在多媒体计算机辅助教学中，不论是图像，还是文字、音频、视频等，都是可以融合在一起的，这样的话，在进行视听教学的时候，就不需要一边观看投影，一边操作投影仪了。在电子课件中，各种媒体文件通过超级链接的方式联系在一起。Microsoft Office 中 Word 和 PowerPoint 的超级链接功能十分强大。超级链接不但可将一个文本文件和另外若干个文本文件关联起来，让使用者在这些文件之间进行跳跃式切换，而且可以将文本文件和音频、视频、图片进行关联，甚至可以和其他应用程序进行关联，使课件使用者可以在不离开当前视窗的情况下启动并运行其他应用程序。

课件制作好后要检查课件中的音频文件的录音质量是否能满足教学需要，音量是否过低或过高等。在确定各部分都正常的情况下对课件进行试运行。试运行有两个方面的含义：一是检查电子教案是否符合设计要求，各种超级链接是否正常，各组件之间的切换是否顺利；二是在条件允许的情况下将课件放到不同配置、不同档次和不同操作系统的计算机上运行，看课件和不同计算机的软硬件是否兼容。

超级链接一般对所关联文件的路径有比较严格的要求，比如在某一台计算机上制作电子教案时，相关文件都存放在 D 盘上，而教室里的计算机没有 D 盘，这时就可能无法找到文件的关联地址，无法完整播放课件。解决这一问题的方法有两个：一是在制作电子教案之前就考虑到这一问题，将相关文件都保存到 C 盘的桌面上，因为任何计算机都会有桌面，这样就不会因为路径问题导致电子教案无法运行。二是将制作完成的电子教案及需要链接的所有音视频文件等放在同一文件夹整体打包后复制到移动存储设备中。

4. 播放工具的选择

在多媒体电子教案制作过程中，应确定好教学媒体。可用于播放课件的音视频文件的工具有很多，以下几款是比较有代表性的常用音视频播放器：Windows Media Player、QQ 影音播放器、Flash Player。

5. 视听教学的实施

在正式开展视听课教学之前，教师应该提前几分钟到达教室，检查一下教室的计算机上是否安装了媒体播放工具，课件是不是可以正常播放，这样的话，就可以避免上课的时候手忙脚乱的。为了避免学习的课件和教室中的计算机播放软件不能兼容，一般我们都会提前在移动存储设备中安装教学所需要的各种各样的软件，当出现软件和课件不兼容的情况的时候，可以随时安装兼容的软件。当所有的一切都准备好了，就可以上课了。

（二）视听教学应注意的几个问题

1. 视听说相结合，促进学生的口头交际能力

视听课最主要的目的就是观看影片或者听取较为地道的英语录音，从而帮助学生更好地理解所要学习的语言国家的文化背景和相关的语言性知识，培养学生的听力理解能力，最终培养学生的交际能力。在对学生的语言技能进行训练的时候，培养学生的口头交际能力的重要手段是视听说。视听就是帮助学生接收语言的信息，视觉可以帮助人们很好地理解事物，说实际上就是把视听的内容反馈出来。所以，在开展视听教学的时候，我们一定要把视听和说有效地结合起来，只有这样，才能促进学生的口头交际能力的提高。

2. 视听课教学要有的放矢

我们所选择的材料一定要和教学大纲的要求相符合，只有这样，才能更好地完成教学任务和教学的目标。视听教学并不是随意加入的，视听材料的选择也是有一定的选择性的。视听教学要和教学的重难点相互融合。除此之外，在播放视听材料之前，还要设定相对应的问题，让学生带着问题去观看和思考，这样的学习会更加有效果。

3. 视听教学应注意师生间的情感交流

视听教学主要就是观看影视、收听录音，这样的学习方式很容易就会枯燥和乏味，特别是在一些不好懂的地方，教师一定要多加关注自己的教学方法，适当地给出一定的提示。在教学的时候，教师一定要多加注意学生的情感因素，对学生给予更多的鼓励和支持，尽量减少批评，一边视听，一边开展交流，尤其需要记住的一点是，不要把视听课当成语言知识课。当播放音频或者视频的时候，教师可以走到教室的后面，尽量不要在学生中来回走动，否则会影响学生的专注力。

二、计算机辅助写作教学

写作教学是一种对语言的综合技能进行训练的手段。写作教学既要求学生对英语写作的基本知识和基本方法有所了解，还需要掌握英语写作的技能。写作教学既要求学生重视英语写作的成果，又需要重视英语写作的过程；书面表达要正确，写作的内容要具有连贯性。我们要把英语写作能力的培养和计算机辅助教学有效地结合起来，这样才能更好地实现教学的良好效果。

（一）计算机辅助过程写作

所谓的过程写作主要涵盖的活动有信息收集、前写过程、写作过程、改写过程、编辑过程、最后成型。和传统意义上的英语写作教学不一样，计算机辅助教学可以在过程写作的各个方面都有所应用。在开展教学的时候，我们可以借助于计算机把文本、图像、声音等各种媒体有效地结合起来，各种媒体之间是相互作用的，非常方便和快捷。多媒体计算机可以对真实的语言交际环境进行有效的模拟，这样的话，不只是可以减轻学生的焦虑情绪，还能让学生专注于意义的表达。在进行写作的时候，学生可以对网络资源进行有效的利用，从而在最短的时间内获取最大的信息量，改变以往的被动学习的方式，变成主动学习，这样的话，学生在写作中的主体性地位就更加彰显。计算机辅助过程写作具有以下几个方面的作用：

1. Word 与写作教学

不论是英语教师，还是学习英语的学生，最好采用 Microsoft Word 字处理器来对英语文本进行编辑。使用 Microsoft Word 辅助开展教学，可以促进学生的写作技能的提升，比如，其中的拼写和语法错误功能可以让学生及时地发现自己的拼写错误，并且及时改正，当提示语法错误的时候，需要在做出一定的判断以后进行自主性的修改。Word 中的插入和删除功能可以让学生随时增加一些新的内容，删除一些重复性的内容；复制和粘贴功能可以不用再重复性地抄写了；查找和替换功能的作用主要体现在指导性写作中，比如，变换人称的时候；存文件和取文件的功能可以让学生找到每一篇文章的相同和不同之处，激发学生的写作兴趣，与此同时，还能对各种文件进行自由转换。

当学生把作业交上来以后，教师还可以使用 Word 的审阅功能进行批改，当批改完以后，再发给学生。Word 的审阅功能既能显示出教师批改作业的情况，还保留了学生做作业最初的样子。当学生收到教师发回来的作业以后，其可以非常清楚地看到自己的语言性错误，这样就可以针对性地改正错误了，最终促进自身的写作水平的提高。

显示修订的具体的操作步骤是这样的：

（1）在 Word 中打开一个学生的作业文档，然后把鼠标的指针停在这个文档的最开始的位置。

（2）点击“审阅”栏目中的“修订”这个选项，然后对文本进行修订。

（3）点击“修订”这个按钮，进入修订的状态或者取消修订。

（4）在修订的状态下，对学生作业的文本进行修订。

（5）当修订完成以后，点击保存按钮进行保存。

在“修订”这个选项的右边，主要列了三个设置项，这三个设置项分别是“显示状态”“显示标记”“审阅窗格式”。在“显示状态”这个菜单中，主要有四种显示状态——显示标记的最终状态、最终状态、显示标记的原始状态、原始状态。

我们可以选择相对应的显示状态的选项，从而把修改前后的文档和含有修改标记的文档显示出来。

教师还可以根据自身的教学需要，积极采用教师展批的方法，也就是在写作课上，教师可以使用多媒体计算机中的演示功能把修改文章的整个过程都展示出来给学生看；学生可以相互批改对方的作文，在计算机网络教室中，教师可以组织学生相互批改对方的电子版的作文，这样的话，教师既能对学生 A 的写作情况有所了解，还能看到学生 B 的修改作文的情况；通讯修改就是借助于电子邮件把文章的原版本和修改的版本传递出去，这样的话，写作文的人就能更好地采纳修改人员的修改意见和建议。

Word 中的修订功能可以根据使用人员所选用的标记符号和颜色，把原来的文本中增加和删减、修改的内容显示出来。当然，学生对于教师所做出的修改也是有选择的，既可以选择接受，也可以选择拒绝。

2. 多媒体辅助写作教学

在开展写作教学的时候，和传统的教学手段相比较，多媒体手段的运用会更加具有灵活性。比如说，当教师在讲授主题句和展开句的关系的时候，可以使用计算机把选好的主题句和展开句全部打乱，然后展示给学生，让学生找出主题句，并重新进行排列；也可以列出好几个主题句，让学生从中选出一个正确的添加到段落中去；也可以列出好几个主题句和好几个展开句，让学生自由组合起来，这样的话，学生就能更好地认识主题句的重要性。

我们要想培养学生的写作能力，还有一个比较重要的教学技巧，就是改写句子。在教学的时候，教师可以使用计算机设计出各种各样的句型转换、句子的扩展和删除等活动。比如，在讲授段落写作的时候，教师需要把段落连贯的手段讲清楚，还要使用计算机的“删除”功能，把连接词设置成白色，或者把连接词去掉和隐藏起来，促使学生从中感受连接词对句子产生的影响，认识到连接词在句子中的重要性，然后再让学生把消失的连接词补充回来。当学生把这些连接词补充回来以后，再让他们读一遍文章，还要学会分析连接词在句子中的作用。这样的教学方法可以促进学生的分析和归纳能力的提高，最终写出具有较强的逻辑性和连贯性的文章。

3. 基于语料库的写作教学

语料库辅助开展写作主要有这样几个方面的表现——词汇的检索、语法的使用、对语言的输出正确性进行监控和验证。语料库具有语境共现功能，其可以把词汇和与之相适用的语境一起展现出来，学习人员可以根据词汇在不同语境中的使用情况来判断词汇的词性和搭配方式。除此之外，我们也需要学习人员掌握大量的词块，因为词块也有利于促进写作熟练度的提高。借助于语料库的检索，学生可以从众多的例句中归纳出经常使用的词汇搭配的方式和句法结构，进而为写作做好充分的准备。

我们还可以使用语料库来对学生的作文进行有效的评价。评价学生的作文的途径通常来说主要有两条：第一条是教师先把学生的作文收集起来，建立一个比较小型的学习者语料库，标注文中的错误，使用检索工具检索语料库，找出其中的语言错误类型，对出现错误的类型、频率和错误分布情况进行总结，还要了解学生在写作的过程中遇到的问题，从而开展针对性的教学；第二条是借助于本族的语料库来筛查自己或者同伴的作文中的错误，对作文中的语言表达方式进行检索，确定语言使用是否合适，从中找出新的规律。借助于语料库，学习人员可以不断地对自己的语言假设进行验证，强化正确的语言假设，修正错误的语言假设，最终创作出地地道道的英语作文。

（二）作文自动评价系统

1. 国外自动评价系统

国外成熟的作文自动评价系统有：Project Essay Grade（PEG），Writer’s

Workbench（WWB），Electronic Essay Rater（E－Rater），Bayesian Essay Test Scoring System（BETSY）。

2. 国内自动评价系统

国内最早涉足自动作文评分领域的是梁茂成，其研究方向是中国学生英语作文的自动评分。在研究过程中，他采用了220篇已评分的作文样本，其中120篇作为训练集，100篇作为验证集。在训练集的基础上得到评分模型后，用验证集交叉验证模型的可信度，并进而采用双重交叉验证，即交换训练集和测试集并重复以上步骤。梁茂成的建模方法兼顾了PEG和IEA的长处，在训练集中提取了大量的作文浅层文本特征，连同作文的内容得分作为自变量，人工评分作为因变量一起用于多元回归计算，得到作文评分的回归方程。提取待评分作文的相关特征值，代入回归方程即可得到该作文的得分。梁茂成的研究取得了较高的评分准确率，与人工评分相关系数R最高达到0.837。但由于作文样本来源范围较窄，数量较少，并且提取的特征主要是文本浅层特征，未能够涉及文章的深层结构，所得结果尚有待于进一步验证与加强。①

国内另一位研究自动作文评分的是李亚男，其研究方向是汉语作为第二语言测试的作文自动评分。这项研究以中国少数民族汉语水平考试三级作文为研究样本。研究中采用了两个样本，一个是包括7个作文题目的583篇作文，另一个是同一题目的488篇作文，每个样本随机分成数量大致相等的两组。以多元线性回归为研究方法，以45个可量化的评分要素作为自变量，阅卷员给出的作文分数作为因变量，利用逐步回归和强迫输入回归两种提取变量的方法，进行多元线性回归分析，并在样本内部两个随机组之间进行交叉验证。该研究虽然存在诸多的问题，但还是在通用评分模型方面做出了有益的尝试。②

3. 自动评分系统的优缺点

自动评分系统既有优点，也有缺点。自动评分系统的优点主要有：

可靠性：大部分的写作自动评分系统都把大型的语料库当作基础来设计作文的评分模型，把学生自己写出来的作文和以人工评价模型为基础的作文标准进行比较和分析，得出了各个项目的分值，这样的评分方式比人工批改具有更强的可靠性。

客观性：因为计算机对作文的评分是根据评价的标准做出来的，相对来说主观性小一些，故而，其客观性也就更强一些。

---

① 葛诗利. 面向大学英语教学的通用计算机作文评分和反馈方法研究［M］. 上海：上海外语教育出版社，2015：22.

② 杨朝娟. 英语网络课堂教学模式与方法研究［M］. 西安：西安交通大学出版社，2017：120.

经济性：使用计算机来对学生的作文进行评价，就会更加准确，效率也更高，节省了不少人力，足以看出其经济性。

即时性：学生可以通过计算机随时随地自主性地评价自己的作文，还能获得系统给出的修改意见和建议。

互动性：自动评价系统既能给出所得的分数，还能对错误进行有效的反馈，并给出修正错误的意见和建议，就像是教师在指导学生写作一样，既指出问题，又给出修改的意见，整个过程都有互动。

但是，自从自动评价系统出现以后，很多人都对其抱有怀疑的态度。一些教师很难相信机器可以对作文进行评价，很多创新性的作文是不能通过机器进行判定的。自动评分系统也有其自身的一些缺点，比如：

缺少情感：计算机有自己的编程，编程让它做什么就做什么，人有自己的感情，可以从感情方面去鉴定一篇文章。

评价缺失：计算机设定的变量可能并不是作文评分真正看重的方面，比如，计算机重视文章的形式，但是作文重视的是文章的组织。当学生对此进行利用，就可能通过一篇没有什么意义的文章获取较高的分数。

第三节　机器翻译及机辅翻译工具

一、机器翻译

（一）机器翻译的定义

机器翻译又称自动化翻译，也称为计算机翻译或电子翻译。机器翻译是利用计算机把一种语言（源语言）翻译成另外一种语言（目标语言）的一门新兴的交叉学科。在语言学中，机器翻译是计算语言学的一个研究领域；在计算机科学中，机器翻译是人工智能的一个研究领域。机器翻译要把这些不同的学科结合起来，综合地进行研究。机器翻译同时也是一种新技术，是将人类语言翻译的法则转变成计算机的运算法则，使得计算机能根据运算法则将输入的源语言翻译成所需的目标语言。

（二）机器翻译系统的基本类型

机器翻译系统按其加工的深度可以分为三类：第一类以词汇为主的机器翻

译系统；第二类以句法为主的机器翻译系统和第三类以语义为主的机器翻译系统。

1. 以词汇为主的机器翻译系统

从美国乔治敦大学的机器翻译试验到 20 世纪 50 年代末的系统基本上属于这一类机器翻译系统，其主要特点是：

（1）把词汇的转换当作中心，从而建立双语词典，在翻译的时候，文句的加工目的就是把和原语相对应的译语确定下来。

（2）假如原词语的词和翻译出来的词语的很多个词相对应，机器自身是不能确定选择哪一个的，只能是把所有的选择项都展示出来。

（3）语言和程序是分不开的，语法的规则和程序的算法都混在一起，算法和规则是一样的。这样的机器翻译系统的设计非常繁杂，翻译出来的文本的质量也非常低，当设计完系统以后，再次修改就没有那么容易了。

2. 以句法为主的机器翻译系统

20 世纪 60 年代以来建立的机器翻译系统绝大部分属于以句法为主的翻译系统，这一类翻译系统的特点是：

（1）把句法研究放在第一位，用代码化的结构标志来表示原语文句的结构，再把原语的结构标志转换为译语的结构标志，最后构成译语的输出文句。

（2）对于多义词必须进行专门的处理，根据上下文关系选择恰当的词义，不容许把若干个译文词一揽子列出来。

（3）语法与算法分开，在一定的条件之下，使语法处于一定类别的界限之内，使语法能由给定的算法来计算，并可由这种给定的算法描写为相应的公式，从而不改变算法也能进行语法的变换，这样，语法的编写和修改就可以不考虑算法。第二类机器翻译系统不论在译文的质量上还是在使用的方便程度上都比第一类大大地前进了一步。

3. 以语义为主的机器翻译系统

以语义为主来构建机器翻译系统大多都是从 20 世纪 70 年代开始的，这类机器翻译系统是第三类机械翻译系统中的一种。在将句法作为翻译主体的翻译系统当中，单词是它翻译的最小单位，同时，由于该系统的算法一次只能完成一个句子的翻译工作，无法检测到不同词句之间的联系，所以单个句子就是该系统的最大翻译单位。超出单个句子之间的联系是第三类机器翻译系统必须要考虑的问题，除了基础的单词、短语搭配、句子之外，句段和整篇文章的也必须要进行研究。第三类机器翻译系统的进一步优化与发展仍需众多语言学家、数学家以及程序员的不懈努力。

现如今，人们能见到的大部分机器翻译系统都属于第二类机器翻译系统，该类系统的研究主要集中在句法上。有的翻译系统在以句法为主的基础上，还加入了一些语义参数，用以处理句法上有争议的问题，但因为现如今的语义研究发展不够成熟，所以，想要构建第三类机器翻译系统仍有许多问题等待解决。

二、机辅翻译工具

在这里，我们主要讲述机辅翻译工具 Trados。

（一）机辅翻译工具 Trados 简介

Trados（Translation Documentation Software）是一款基于翻译记忆原理设计的翻译工具，由德国 Trados GmbH 公司开发，于 20 世纪 90 年代发布第一代翻译工具。该公司于 2005 年被全球信息管理的领头羊、语言服务供应商 SDL 公司收购，并更名为 SDL Trados，其最新版本是 SDL Trados 2014。Trados 是一款 CAT 软件（计算机辅助翻译软件 Computer-Assisted Translation），被广泛用于各类专业资料的外文翻译，如机械、电子、医学、化工等，是目前世界上最好的机辅专业翻译软件之一，现已经成为专业翻译领域的标准。

从翻译的原理上看，Trados 属于翻译记忆软件，与一般的全文翻译系统不同，它不会替你翻译，而只是把你做过的翻译内容记录下来，放到翻译记忆语料库中，即 TM，待到再次翻译同样或类似语句时，Trados 会提醒你，或者替你完成翻译。同时，Trados 还可以有效地保留原有文件的文字格式，为译员省去很多排版上的麻烦。实际上，利用机辅翻译工具进行翻译，大部分的翻译工作还是要靠译员自己，Trados 只是帮译员记忆翻译过的内容，避免重复劳动，提高翻译效率。也就是说，如果译员对同样类型的文件翻译了多次，Trados 翻译工具就能记忆翻译结果，译员对新的译文进行相应的修改就可以完成翻译工作，其翻译速度可以提高 2 到 4 倍。

Trados 主要由以下四个部分组成：

（1）Translator's Workbench：翻译记忆库创建和管理，可以在内置的人工智能语言系统下根据模糊匹配原则自动翻译。Workbench 可集成到 Microsoft Word 和 Tag Editor 中。

（2）Tag Editor：用于编辑带标记的文本，如 HTML 和 XML，可在 Microsoft 和 DTP 格式环境下自动过滤文本。

（3）Multi Term：与 Translator's Workbench 配合使用的术语管理器（即词库）。

（4）Win Align：平行句对齐工具，可对原文和译文进行句对齐。

（二）机辅翻译工具 Trados 的版本

Trados 于 20 世纪 90 年代早期发布了自己的第一批 Windows 版本软件。1992 年开发了 Multi Term，1994 年发布了 Translator's Workbench。Trados 7. 5 以前的版本现在已很少有人在用。目前还在使用的版本有以下几种：

1. SDL Trados 2006

于 2006 年 2 月 18 日发布。这是 SDL 公司收购 Trados 后第一次把 Trados 与 SDLX 作为同一个安装包进行发布。这是目前译员使用较多的版本，因为这是目前能免费使用的最新版本，但引号乱码问题仍未解决。

2. SDL Trados 2007

于 2007 年 4 月份发布。引号乱码问题仍未解决。为了防止盗版，此版本增加了在线激活的 license manager。

3. SDL Trados Studio 2009

于 2009 年 6 月发布。从这个版本开始，Trados 不但改了名称，同时也改了软件界面，不再跟 Word 进行集成，但 Align 功能却不能使用，因此使用这个版本的同时，还要保留 2007 进行 TM 的 Align。由于界面的更改，以及兼容性等问题，大量译员不能适应该版本，因此该版本的市场占有率并不大。

4. SDL Trados Studo 2011

于 2011 年 8 月发布。改进了 Align，不再需要 2007，兼容性有大幅度提高，目前使用这一版本的译员和翻译公司数量已经超过 7. 0 版和 2007 版。

5. SDL Trados Studio 2014

于 2013 年 9 月发布。进一步改进了 Align 和文件兼容性。启动速度和资源占有降低。

SDL Trados 和 Multi Term 是一个商业软件，需要购买后才能使用。但用户也可以到 SDL 官方网站下载安装免费试用 30 天。

第四节　英语教学中网络资源的利用

一、网络资源的表现形式

（一）文本资源

在高度信息化的时代背景下，大部分人发布信息的方式都是以文本的形式。现如今我们在网络上能见到最多的资源就是文本资源。人们在日常的外语学习、教学与研究当中，只需要在搜索引擎上输入想要知道的信息的关键词，就能以极快的速度找到。网络资源的优势就在于信息的传播速度快、范围广、内容多。如若教师在教学过程中觉得教材内容过于老旧、题材不合适或者教材文本材料较少的时候，可以在互联网中搜索相关的资料进行补充。比如，教师在进行英语阅读的教学时，可以通过互联网尽量搜索寻找更新颖的、与时俱进的阅读素材，让学生更为深入的了解英语国家的社会时事、趣事等。通过这种方式，教师和学生都能在一定程度上脱离教材的限制，同时也缓解了如今教材与社会脱节的问题，让教师、学生和研究者的信息更加与时俱进，符合社会需求。

（二）视、听资源

外语教学旨在让学生通过学习之后能够熟练地掌握语言的知识与技能，并在语言的综合能力得到提高的同时，形成正确的跨文化意识、学习方式、情感观念。为此，教师在教学过程中，应增加对学生听、说、读、写能力的重视。我国英语听、说教学的最大缺陷在于语言环境的缺乏，在这种情况下，学生能得到的训练机会也较少。自从互联网普及与发展之后，教师与学生可以在互联网上搜索到大量的视听资源，这有效地缓解了视听资料缺乏的问题。如果教师能正确的利用这些资源，那将会对学生听说能力的培养极其有益。这些网络视听资源包括但不限于英文歌曲、电影、纪录片与新闻广播等，在种类和内容丰富的同时，它还具有较强的即时性且不受时间和地点的限制，可以让学生随时随地的进行英语听、说能力的学习，有利于提高学生的跨文化交际能力。网络资源也因为其搜索、下载和使用的简单和便利性，被许多英语教师采纳并应用于实际教学当中。

（三）在线词典、翻译工具

在线词典是基于互联网技术的，可以让使用者随时随地进行词语查询的数字化参考工具。现如今互联网的在线词典种类和数量较多，且语种丰富、专业性较强，同时，由于在线词典更迭换代较快，现已形成了一个较为庞大齐全的资料库。最近几年来，各大专业与权威性较强的词语工具书出版社都构建了自己的在线词典、翻译平台，例如，“牛津英语在线词典”就是由英国著名出版社——牛津大学出版社研发的实时在线翻译平台，该平台内容权威、专业性较强，是各方面条件都非常不错的在线翻译平台。由网易公司研发的“有道在线词典”是以巨大的网络语料库为基础研发的免费网络词典，该词典在汉译英时在中国特有的词汇翻译上很有一些独到之处。除此之外，在线词典和有些搜索引擎除了能提供词语的搜查找服务外，还能翻译一些短文。

二、网络资源搜索技巧

使用者在搜查信息时，只需要点击搜索栏，输入自己想要查询信息的关键词，最后点击“搜索”便可，这种搜索方式简单又便捷，但对使用者的搜索技巧有一定的要求，如果搜索者在搜索的时候不注意技巧的使用，那么搜索的结果便会杂而乱，虽然，不同的搜索引擎查询方式不同，但搜索技巧都是适用的。下文将介绍几个有效的搜索技巧。

（一）使用双引号进行精确查询

使用者可以在搜索过程当中给所搜索的关键词添加双引号，这样可以让搜索的结果更为精准。比如，使用者在搜索栏中输入带引号的“英语写作教学”就会比不带引号的搜索结果更精准，因为当关键词不带引号的时候，搜索引擎就会自动对“英语写作教学”“写作教学”“英语”“写作”“教学”进行分别检索，而带引号时，搜索引擎将“英语写作教学”当作一个整体进行检索，所以，带引号的关键词检索结果更为精确。

（二）使用加号（+）、减号（-）限定查找

现如今许多搜索引擎都可以通过使用加号（+）、减号（-）进行限定查找，加号（+）表示搜索结果中必须含有的结果，而减号（-）则表示搜索中不能出现的结果。比如，在搜索栏中输入“+电视机+无线网”，这就表示搜索的结果里一定要同时包含“电视机”“无线网”者两个关键词；在搜索栏中输入“高中-A 高中-B 高中”，那么就表示搜索结果中不会包含 A 高中和 B

高中。

（三）使用括号

如果使用者想搜索一组用某种操作符联系在一起的关键词时，可以为这两个关键词添加圆括号。

在检索信息时，我们会注意到，有些信息是搜索不到的。这是因为，由于各国国情、政治的不同，搜索引擎会根据用户所在国的法律等要求对一些诸如黄色、非法、反动等的关键词进行过滤，因此，此类信息也就不能被检索到。

第五节　计算机辅助英语教学评价

一、计算机辅助英语教学的综合考虑和评价

在实际的对计算机辅助英语教学整个教学过程和教学效果的评价中，很多主观和客观的因素影响着评价计算机辅助英语教学的标准设定。如何使我们对计算机辅助英语教学的评价更为客观、公正和全面？这个客观、公正、全面的评价内容和标准体系的设立，就需要我们将以下这些因素综合考虑。

（一）学生特点

（1）学生的年龄。低年级的学生对生动形象性要求更高，要求学生做出的反应不能太复杂；高年级的学生更应该强调逻辑思维和理解能力，并更多地给予学习自主权。

（2）学生的学习能力。学习能力强的学生对计算机辅助教学的控制能力就高。

（3）学生的学习方式。场依存的学生更倾向于计算机或教师控制学习过程，场独立的学生更适合自己控制学习过程。

（4）学生的学习动机。学生的学习动机越高，学生就越愿意对计算机辅助教学承担责任，相应地，付出的努力也越多。

（5）学生对计算机的熟悉程度。学生对计算机越熟悉，操作软件所花费的精力就越少，就越能集中注意力在课程的学习上。

（6）学生对计算机辅助教学的适应性和熟悉程度。学生越适应和熟悉计算机辅助教学，就越能符合计算机辅助教学对学生行为的一些特殊的、不同于

传统教学的要求，课堂的教学效率就越高。

（二）教师特点

（1）教师对计算机辅助英语教学的态度。不同年龄、性别、性格的教师对 CAI/CALL 的态度有所不同。如年龄大的教师，由于长期形成的常规教学习惯很难改变，对计算机的熟悉程度也不够，因此对 CAI/CALL 的态度可能比年轻教师消极。刚刚参加工作的年轻教师虽然对 CAI/CALL 很感兴趣，但他们缺乏教学经验，主要精力依然得花在适应工作岗位之上。因此，具有一定教学经验的中青年骨干教师对 CAI/CALL 的态度最积极，也最容易在这方面有所建树。

（2）教师的计算机应用水平。

（3）教师的教学方法。

（三）教学环境

1. 社会发展程度和社会要求

社会发展程度越高，计算机拥有量越多，社会对教师的教学要求就越高，这就鼓励教师进行计算机辅助教学的尝试和探索，计算机辅助教学的发展程度也就越高。反之，如果一个社会相对较为落后，就不能用同样的标准来评价计算机辅助教学。因此，我们在评价计算机辅助教学的时候，应该将该地区的经济发展水平、教育发展水平考虑在内，在社会这个大环境中，实际地考察计算机辅助教学的效果。

2. 学校环境

通常来说，如果应用计算机来辅助课堂教学，教师的工作量比常规教学大出几倍。如果学校采取一些积极措施鼓励教师投入到这项复杂的工作中，教师的积极性提高了，反映出来的就是课堂教学的不断探索和质量的不断提高。

此外，学校的软硬件条件越好，拥有的计算机数量越多，计算机的硬件配置越高，校园网越成熟，学校能提供给教师的软件资料库的内容越丰富，对计算机辅助英语教学的标准就应该越高。因此，考虑学校的教学环境，对于实事求是地评价计算机辅助教学具有积极的参考意义。

计算机辅助英语教学的评价标准不是固定不变的，而是在一定的内容指标体系之内，根据具体情况，综合考虑的一个过程。当然，提到的所有评价标准和内容未必全面，我们在实际的操作中，需要根据实际情况来确定。

二、英语学习类软件的评价

目前在我国市场上，英语学习类的软件主要以助学型和自学型为主。也就是说，基本上这类软件可以由学生自己操作，对教师的帮助和干预要求较低。另一方面，这类软件未必能很好地满足课堂教学的要求，它们更适合于助学和自学。

事实上，对于辅助英语教学软件的评价是一项非常复杂的工作。正规的CALL评价必须由专门的组织机构负责进行，它的步骤通常包括：

首先，必须确定评价的步骤和计划，设计评价的内容和指标体系，并收集关于被评价软件的资料。其次，通过各种途径，如现场应用、联机结果记录、调查、试运行记录、专家评价、用户评价等等，得出评价的数据。最后，才能根据数据得出评价的结果。

有的评价是在软件的制作和生产过程中进行的，被称为形成性评价；有的评价则是在课件制作完毕以后进行的，被称为总结性评价。作为英语教师，适当了解对于学习软件的评价，有利于我们为自己和学生选择合适的软件。

第四章　内容语言融合视角下的英语教学探索

随着我国英语教育的快速发展，英语专业长期贯彻的“以语言技能训练为导向”的课程建设理念及教学理念已经难以满足社会的需要和人才培养的要求。高校英语专业教育与英语教学脱节、语言教学与知识内容教学割裂、单纯语言技能训练过多、专业知识课程不足、学科内容课程系统性差、高低年级专业知识课程安排失衡及其导致的学生知识面偏窄、知识结构欠缺、思辨能力偏弱等问题日益凸显。针对上述问题，大连外国语大学英语学院系统地开展了英语专业内容语言融合课程改革探索，构建了以专业知识内容为依托的课程体系，发挥了内容语言融合课程的优势，拓宽了学生的专业知识面，提高了学生的英语技能，提升了学生的综合素质。本章首先分析了从语言技能导向教学到内容语言融合教育，接着进一步研究了英语专业英语整体课程体系改革，探讨了内容语言融合的核心课程及其教学改革，最后详细地论述了内容语言融合教育改革的影响及启示等相关的内容。

第一节　从语言技能导向教学到内容语言融合教育

一、从语言技能导向教学到内容语言融合教育的背景知识

我国的改革开放促成了外语教育的大发展。作为我国的第一外语，英语在全国大、中、小学中得到系统推进，社会英语教育在多元需求的驱动下也得到了空前的繁荣，到国外通过英语接受教育的人群也从高校的学者延伸到各级各类学生。但是，在以英语为代表的外语教育大发展大繁荣背景下，高校的英语专业教育已经开始面临前所未有的挑战。千校一面、千系一面，同质化严重，专业教育缺乏特色，培养的学生知识面偏窄，思辨能力偏弱，跨文化交际能力

不足，素质难以满足社会发展的需求，以至于学生毕业就业也开始面临困难。在部分地区，英语专业被列为“红牌”专业，英语专业教育面临的问题也为快速发展的其他外语专业敲响了警钟。

为了改变外语专业学生知识面偏窄、思辨能力偏弱、跨文化交际能力不足、国际视野不够开阔的现状，大连外国语大学（以下简称“大外”）英语专业从 2006 年起持续开展了课程改革探索。这项在一个英语专业教育机构个案推进的课程改革促进了单位的教师发展、课程建设、教材开发及教学方法的不断更新。这项在北美推出的内容依托教学理念（CBI，Content-Based Instruction）启发下的课程教学改革，事实上成为一场从技能导向教学理念（SOI，Skill-Oriented Instruction）到内容依托教学理念再到内容与语言融合教育理念（CLI，Content and Language Integration）的教育教学理念的全新变革。它不仅对 SOI 长期支配下的英语专业教育理念产生了颠覆性的影响，而且也对校内外的英语专业教育、大学英语教育、其他语种专业的外语教育乃至其他层面的外语教育提供了启示。

二、课程改革思路的确定及新课程体系的构建

研究我国历史上成功开展的外语专业教育以及当今诸多国家地区高校的外语教育，我们得出：依托有意义的知识内容组织教学，促进学生的语言能力发展及专业知识、能力、素质发展是我国高校值得探索的路径。为此，我们确定了大外英语专业课程的如下改革思路：

（1）把有意义的内容当作基础，积极构建针对英语专业的较为核心的课程体系。传统意义上的课程体系的主要内容是听说读写译和综合性的技能课程。在进行改革的时候，我们要把传统意义上的课程体系转变为语言技能课程、文学和文化课程。语言技能课程把主题性的内容当作基础，文学和文化课程把专题性的内容当作基础。课程结构不再那么单一，而是把语言和内容有效地融合在课程之中，既促进学生的专业知识面的扩展，也促进学生的语言能力的提高。

（2）在教学的过程中，要把内容和语言结合起来，这样的话，不只是可以获取专业性的知识，还可以获取专业性的技能。在以内容为基础开展课程教学的过程中，教师可以把英语当作媒介，较为系统地讲授专业性的知识，学生可以通过英语获得专业性的知识，既学到了专业性的知识，也促进了学生的英语语言能力的提高。

（3）采用各种各样的方法，既促进语言能力的提高，也促进综合素质的提高。现代信息技术不断发展，出现了很多新的资源和新的手段，我们可以对

此进行有效的利用，把学生学习的积极性充分地调动起来，把各种有效的教学活动——启发式教学、讨论式教学等，和学科的内容教学结合起来，在促进学生综合运用语言的能力提高的同时，把学生的学习兴趣激发出来，既培养学生的自主性，也培养学生的创造性，最终促进学生的思辨能力和综合素质的提高。

在此思路的指导下，依托校级教学改革项目、省级教学研究项目及国家社会科学基金项目，我们将《大纲》（高等学校外语专业教学指导委员会英语组，2000）规定的语言技能课程（包括英语语音、英语语法、英语听力、英语口语、英语阅读、英语写作、英语语音、英语语法、基础英语、高级英语、英语视听说、英汉笔译、英汉口译等）和专业知识课程（包括英语国家概况、英国文学、美国文学、语言学概论、学术论文写作）进行系统改革，逐步构建了全新的英语专业课程体系。新的课程包含依托专业知识内容和相关知识内容训练语言的模块，依托专业内容拓展专业知识、提高语言能力的模块。各模块的课程均依托特定的知识内容，达到多种具体的教育目标：

（1）综合英语课程依托美国文学经典作品、英国文学经典作品、世界英语文学经典作品、西方思想经典的内容，提高学生综合运用英语的能力，丰富学生对文学及西方思想的认知，提高综合能力和综合素养。

（2）英语视听说课依托美国社会文化经典电影、英国社会文化经典电影、英语资讯、环球时讯的内容，提高学生的英语听说能力，同时增加学生对相关国家社会文化的了解。

（3）英语口语课依托人际交往的知识内容，提高学生的英语口语交际能力，增进学生对人际沟通的了解。

（4）英语写作课程依托笔头交际的知识内容，提高学生的英语笔头表达能力。

（5）文化课程依托美国社会与文化、美国自然人文地理、美国历史文化、英国社会与文化、英国自然人文地理、英国历史文化、澳新加社会文化、欧洲文化、中国文化、古希腊罗马神话，扩展学生的专业知识，加强学生专业知识的系统性，同时提高学生的英语能力。这样，整个体系中的每门课程均通过开展多种教学活动，服务于学生的专业知识、专业能力和专业素质的培养目标。

三、内容语言融合（CLI）教育理念的提出

任何方法都是在一定理念指导下的方法。CLI 是一种教育理念，包含多种内容语言融合模式，而各种模式都有自己的教学方法和技巧。当前，我国已经引进并开始尝试的内容依托教学理念（CBI），我国本土努力推进的双语教学

等就属于 CLI 的不同模式。内容与语言融合的外语教育理念对具体教学方法、教学技巧等具有重要启发。在实践中体现出了如下特点：

（1）教学测评。CLI 的测评吸收了测试研究和评价研究的成果，包括形成性评价和终结性评价。形成性评价可以包括小测验、课堂发表、角色扮演、小组活动、双人活动、项目、撰写论文、撰写研究报告、创意写作、创意改写、反馈性写作、制作张贴作品等；终结性评价可以包括传统的选择题等各种题型和方法。

（2）互动性质。有别于传统教学中信息从教师向学生的单向传送，CLI 理念指导下的课堂互动是在师生互动的基础上的生生互动、师生互动乃至师生与其他人员的互动。

（3）情感处理。CLI 重视对学生的人文关怀，主张教师关注学生的情感反映，教学中有必要有效处理影响学生学习的各种情感因素。

（4）母语作用。由于 CLI 具有重要的外语教学目标，因此外语是主要的交流语言，教学材料、课堂交流均以外语为主。但是，在外语教学条件下，师生和生生交流过程中也不排斥母语，而是有控制地使用母语，因为母语有助于学生对知识内容的理解，有助于师生和生生的交流。

（5）应对失误。CLI 认可失误是学生获得语言或知识内容过程中不可避免的，对学生失误采取包容的态度。教学中可以针对具体情况应对失误，或不去干预，允许学生自我纠正，或有针对性地适时给予纠正。

（6）理论支撑。CLI 作为一种内容与语言融合开展教育的理念，它不仅需要语言理论和语言学习理论的支撑，而且需要知识理论和知识学习理论支撑。教育教学理论的支撑对 CLI 具有特别的意义。作为 CLI 理念指导下的特定形式，CBI 等内容语言融合教学或教育方法理论的阐述也有助于我们理解 CLI 的理论基础。

CLI 主张基于有意义的语篇内容开展教学活动，语言是以语篇为基础表述有意义的内容的，语言是交流知识信息的工具，师生之间和学生之间通过语言的交流是对有意义的知识内容信息的交流。系统功能语言学的系统观和功能观为 CLI 提供语言学支撑。CLI 主张内容与语言的融合，反对语言教学与知识内容教学的割裂。其语言学习理论假设为：当人们把语言当成获得信息的手段时（而非学习语言本身时），学习语言会更为成功。其知识学习理论假设为：具有相关的前期知识储备和经历时，学生学习新知识的效率会更高。CLI 主张教师对学生的引导，注重师生、学生间的互动交流。不同的人由于原有经验不同，对同一事物会有不同的理解。教师引导学生从原有经验出发，建构起新的经验。在 CLI 理念指导下，教师通过营造教学环境，将学生的学习变成一个意义建构的过程，学习者是通过新、旧知识经验的相互作用来形成、丰富和调整自己的认知结构；教师帮助学习者通过参与某个共同体的实践活动建构有关的知识。

四、内容语言融合教育的启示

内容语言融合教育理念为外语教育探索创造了新的机遇。课程建设、教材开发、资源开发、教学法更新、教师发展以及有效开展语音、语法、听力、口语、阅读、写作、翻译、跨文化交际能力、思辨能力、专业知识、专业能力、专业素质的教学研究课题也提上日程。

对于英语专业教育而言，基础阶段的探索取得了积极的效果，但是高年级的探索急需推进，语言、文学、翻译、区域国别研究等专业方向课程的体系构建、课程建设、教材开发、教学问题研究等课题已经摆在面前：

第一，有必要开发内容语言融合的语言学课程。依托英语语言、英语词汇、语言与社会、语言与文化、语言与语用等学科知识内容，帮助学生深入了解英语语言，增加对语言与社会、文化、语用关系的认识，同时提升学生的专业表达能力。

第二，有必要开发内容语言融合的文学课程。依托优秀的英语长篇小说、英语短篇小说、英语诗歌、英语戏剧、英语散文，强化学生对英语文学文本的阅读，提高学生的文学欣赏能力及语言表达能力，提升学生的文学素养。

第三，有必要开发内容语言融合的高级语言技能课程。依托相关学科领域的知识内容，提高学生的英汉笔译、汉英笔译、连续传译、同声传译、专题口译等技能，增加学生对相关领域的了解。

第四，有必要开发内容语言融合的区域国别研究课程。依托英语国家的社会、文化、历史、地理、政治、经济、军事等知识内容，增加学生对相关国家的了解，拓宽学生的国际视野，提高跨文化沟通能力及相关国家问题的研究能力，服务国家的“走出去”战略、“一带一路”倡议及“人类命运共同体”建设。

作为我国的外语专业之一，英语专业能够开拓和应该开拓的空间巨大。国家和社会需要的“外语+”并不完全等同于帮助学生在学好外语基础上再去学某个专业或某个专业的知识。内容与语言融合教育理念有助于克服外语教育专注外国语言教学的局限，主动适应并满足新时代国家对外语教育的需求。

第二节　英语专业英语整体课程体系改革研究

一、英语专业课程建设的问题

在英语专业课程建设中，主要存在以下这样几个问题，需要引起我们的重视：

第一个问题是，最基本的语言技能课程太多了，但是，专业性的知识课程太少了。当英语基本训练开展了大约十年的时间以后，高等院校的英语专业还是把语言技能训练当作主要的训练内容，这样的话，内容过于单一，不能把学生的学习兴趣调动起来，最终也就不能促进学生的认知能力的发展。

第二个问题是，专业知识的课程是比较空洞的，整个知识课程缺乏一定的系统性。《大纲》只是设定了三门概论课程——英国文学、美国文学、语言学概论，这样的课程设定是没有专业性的知识课程作为支撑的，故而，学生的知识结构也就不会很完整。

第三个问题是，语言教学和内容教学并不是紧密联系在一起的，而是相互割裂的，并且，课程建设的理念非常陈旧。语言技能的相关课程和专业内容的教学是分裂开来的，这样的话，就不能促进学生的语言技能达到较为专业化的水平。

经过一系列的实践，我们发现，以往的课程体系主要训练的是语言技能，最终导致学生的知识面比较狭窄，综合素质也比较低，并没有表现出较强的思辨能力。除了这些以外，英语专业课程和公共英语课程的内容慢慢变得统一化，英语专业自身的优势没有了，专业教育出现了暂停的迹象，即便是我们非常有名的外语类的高等院校也都在考虑怎样才能更好地发展英语专业。

二、英语专业整体课程体系改革的思路

英语专业课程的建设存在众多的问题，针对这些问题，英语专业整体课程体系的改革要把内容和语言融合在一起的教育理念当作指导思想，从而确定了这样的改革思路：

一是，打破传统意义上的教育教学理念，促进英语专业教学的课程结构的改变和革新。前提基础是专业的总体培养目标没有变，教学的时间限制也没有

变，针对课程的结构进行变化和革新，不再像传统意义上的单一的语言技能课程模式那样，而是把专业知识内容课程和语言技能课程有效地融合在一起，在促进学生的知识面得到扩展的同时，促进学生的语言技能的提高。

二是，有效地挖掘内容和语言相互融合的潜在力量，在重视专业知识的同时，还要重视语言技能。课程把英语专业知识的内容和英语技能有效地融合在一起，把专业知识的内容上的教学和英语语言教学有机地结合起来。把英语当作媒介，教师可以较为系统地把专业知识讲授给学生，与此同时，学生在使用英语的过程中促进自身的英语技能的提高。

第三节　内容语言融合的核心课程及其教学改革

内容语言融合的核心课程很多，包含英语综合课程、英语听力课程、社会文化课程、英语文学课程等内容，本节我们选择英语综合课程和社会文化课程的教学改革为例进行分析。

一、英语综合课程（“基础英语”）教学改革探索

所谓的“基础英语”指的是综合性的英语技能课，这一门课程开设的目的主要就是促进学生综合性地对英语进行运用的能力的提高。这一门课程主要对语言进行基础性的训练，并且对篇章进行分析和讲解，促进学生的语篇理解能力的提高，还可以对英语的各种各样的文体的表达方式和特点有所了解，既扩大了词汇量，也更好地对经常使用的句型进行了解和熟悉，从而掌握最为基本的口头和笔头上的表达能力。不同的院校对这门课程的称呼可能不一样，有的还叫作“精读”“综合英语”。英语专业的课程非常多，但是，“基础英语”的教学时间是最长的，其所占用的学分也是最高的，一直以来在教师眼里都是最为重要的课程。

（一）“基础英语”教学内容存在的问题

1. 专业内容不足，教学内容单一

现在，学生普遍有这样的看法，那就是，“基础英语”的教学内容主要讲的都是一些文学性的小故事，很少见到给人深刻印象的文章。这些文学性的小故事理解起来比较容易，但是，太过于感性化了，并不能满足学生学习专业知识的需要。时间长了，学生就厌烦了这些文学性的小故事，没有了学习的兴

趣。当学生在学习“基础英语”的相关文章的时候，就像是在阅读一些官方的报纸一样，基本上都是一样的，并没有比较带有特色的东西。当教师在讲解“基础英语”的时候，关注的重点也是故事的整体结构和背景、人物的性格特征等。

2. 教学内容陈旧，缺乏时代特征

“基础英语”的相关教材更新的速度比较慢，其中的内容经常跟不上时代的发展步伐，并且和学生的学习生活有很大的差距，这样的话，就不能把学生的学习兴趣激发出来。学生所学习的“基础英语”当中的文章只有很少的部分和大学生的生活相贴近，大部分的文章都和学生存在距离感，甚至有些文章选取的是 20 世纪 80 年代的内容，那就更难以吸引学生的注意力，激发学生的学习兴趣了。

3. 内容深度不够，缺乏启发性

学生进入大学以后，不只是希望学习到自己渴望的知识，更希望促进自身的思想水平的提高，他们都会形成这样的认识，那就是在看待问题的时候，要站在不同的角度和更高的层次上对事物进行分析，而不是只看到事物的表面。但是，现在的“基础英语”中的文章就像是在讲故事，这些故事比较浅显易懂，时间久了就会让人感觉很枯燥和乏味，学生并不能只是获得感性的认识，而是需要对问题进行更为深刻的思考，促进自身的理性思维的提高。

4. 教学内容零散，系统性较差

当学生对知识进行系统性学习的时候，就可以更好地理解和记忆知识。但是，现在的“基础英语”中的文章牵涉的知识范围非常广泛，并没有很强的系统性，甚至可以说系统性是严重不足的。比如，一个单元讲述的是社会性犯罪的问题，但是，到了下一个单元讲述的就是《夜莺和玫瑰》，两个单元之间并没有什么连贯性。中国的“基础英语”课程中的知识并没有形成一定的体系，当学生在学习这一门课程的时候就会缺乏针对性，也就没有切实的东西表达出来。

（二）“基础英语”教学内容改革的设想

因为“基础英语”教学内容中存在很多问题，故而，我们要对这门课程的内容进行改革，其改革的设想是这样的：

1. 依托英语专业内容的经典作品，填补课程专业内容的空白

在语言的教学中，内容的作用是非常重要的，最近几年，人们都认识到把一些比较具有意义的内容融入“基础英语”的课程教学中的重要性。在“基础英语”的教学中，很多教师认为需要加入文化知识的教学，但是，只是加

入文化知识还是不够的。“基础英语”这门课程并不是一门单独的课程，而是英语专业学生掌握专业知识的体系中的一部分，故而，我们需要进行综合性的考虑。中国国内的很多专家和学者研究了英语专业的内容，但是，他们的关注点是不一样的，有的学者的关注点是人文教育，有的学者的关注点是文学和语言学的研究，有的学者的关注点不只是文学和语言学，还延伸到了文化领域。实际上，英语专业研究的主要内容就是文学、语言学和文化三个方面。故而，“基础英语”教学的内容也就要从这三个方面展开。

2. 系统引入英语文学的经典作品，发掘文学作品教学的潜力

英语文学经典作品可以激发学生学习的兴趣，还可以更好地构建英语专业的知识性结构，把人文教育的潜力发挥出来，语言学课程和文化课程并不能起到这样的作用。实际上，还是有很多学生喜欢文学类的文章的，主要就是由于这样的文章理解起来比较容易，学习起来比较轻松，在学习文学经典的过程中，学生可以促进自身的文学素养和思想水平的提高。当学生在进入大学之前就已经掌握了一定的词汇和语法方面的知识，可以开展最为基本的阅读，故而，其进入大学以后，希望自己的思维变得更加活跃，观察能力变得更加敏锐，审美能力也更强。很多学生也会有这样的认识，那就是，英语专业的学生一定要学习文学经典。比如，一些学生喜欢文学精品文章，因为高中时期学业比较繁重，故而没有时间看，但是，其对文学非常感兴趣，教师在教学的时候就可以讲述一些名著的相关内容，这样的话，学生既能学习语言，也能开阔眼界。

3. 选择具有思想内涵的经典作品，满足学生提升思想认识的需求

在学习的过程中，学生需要对西方的思想有一定的了解，只有这样，才能更好地理解西方的社会文化。中国的很多学生都认为学习一些经典的文章是有一定的困难的，但是，即便是这样，还是需要学习的。经典文章中的很多内容都是非常深刻的，学生可以借助于这些经典文章对语言、文化和社会等有更为深入的了解和认识，最终又会反过来影响学生的思想、人生观等。

4. 选择多种体裁作品支持单元主题，解决教学内容单一的问题

因为现在的“基础英语”教学的材料的内容和形式都比较单一，故而，在选择材料的时候，我们可以选用文学作品的多种体裁，从而表现同一个主题。学生可以从小说的情节和人物性格中感受文章的主题；从散文中更好地表达自己的情感；从戏剧中获得参与感；从诗歌中感受美的意境。在阅读文学作品的过程中，学生可以促进自身的语言技巧的提高，进而增强自身的文学鉴赏能力。在同一个主题下，有不同体裁的作品，学生可以对此进行比较和研究，进而更好地理解主题。

5. 选择深刻的主题，紧密联系当今社会，克服教学内容的陈旧问题

"基础英语"教学的内容比较陈旧，要想解决这一问题，有两条路径可以选择。第一，选择现在最新颖的文章，但是在，这样的文章的质量还是有待商榷的；第二，选择经过时间检验的，并且和现在的社会发展紧密相关的文学经典作品。受到现在的各种条件的限制，"基础英语"教材并不能非常及时和迅速地得到更新，故而，教学的内容也就相对来说比较稳定，这一点是非常有必要的，这样的话，教师就可以更好地熟悉教材的内容，更好地驾驭教学内容。我们不只是可以通过新的材料来提高教材的时代感，还可以发掘新的主题内容、了解现实性的问题，把握教学和现实问题之间的联系。在真正开展教学的时候，教学可以在经典内容的基础上，适量地增加一些新的内容。这样的话，曾经的经典才会展现出新的价值，与此同时，学生也能更好地认识现在的社会。

6. 系统组织专业知识内容且各阶段有所侧重，避免内容零散缺乏重点

"基础英语"这一门课程的教学频率非常大，教学的课时数也非常多，持续性的时间也比较长。在开展"基础英语"课程教学的时候，我们首先需要确保"基础英语"语言训练方面的优势，在这个基础上，我们可以把"基础英语"划分为好几个阶段，每一个阶段的内容都是相对比较集中的，这样的话，就可以分阶段地对英语专业的知识内容进行关注。比如，一个学期可以开设美国文学的经典作品，下一个学期开设英国文化的经典作品，另一个学期开设世界上的其他国家的关于英语文学的经典作品。这样的话，一整个学期的学习内容都是有着紧密的联系的，学生既可以学习语言，还可以获得系统性的英语专业方面的知识，形成较为完整的专业知识结构。传统意义上的英语专业的语言技能课程太多，学生的知识面就会比较狭窄，综合素质也会比较低，思辨能力也比较弱，系统的专业知识内容和阶段性学习，可以促进学生的专业素养的提升，进而推动综合素质的提高。

7. 以主题单元为单位组织专业内容，突出教学重点

现在的"基础英语"课程的教学内容比较杂，也缺乏系统性，故而，我们不只是需要对内容进行系统性组织，在各个阶段上有侧重点，还需要分单元组织教学内容，每个单元的主题是统一的，这样的话，单元内部的内容是系统的。

（三）"基础英语"教学内容改革的基本内容

依照以上观点，大连外国语大学英语学校的"基础英语"课程一改以往内容复杂庞大、条理性较差的教材内容，将英美文学优秀作品、世界经典文学

作品引入英语教材之中，这一举动在一定程度上提高了学生们的文学素质和外语水平，进一步培养了学生的跨文化交际能力、思维能力以及外语语言的运用能力。同时，他们也为“综合英语”这一课程编写了《综合英语：美国文学作品》《综合英语：英国文学作品》以及《综合英语：世界文学作品》等诸多教材，甚至还为专业中的多门课程制定了课程标准。

作为英语专业大一年级必修科目的教材《综合英语：美国文学作品》只由专业课教师教授，且教师在教学过程中被要求要融入英美文学中的经典作品。这一行为的主要目的在于让学生更为深入地了解到不同时期与社会背景下的英美文学作家及其作品，进一步加深学生对于英语文学以及西方历史文化的理解，从而推动学生文学鉴赏以及文化认知能力的提升，拓宽学生的知识面，培养学生思辨能力和自主思考意识。通过该课程的学习，学生应当掌握以下几种方法和能力：第一，掌握挖掘、探析文学作品基本要素的方法。第二，灵活运用所学知识进行独立思考，掌握发现问题、分析问题以及解决问题的能力。第三，独立认真完成教师布置的预习和复习任务，养成自主学习的习惯，掌握自主学习的能力。第四，认真参与进课堂教学活动的同时积极拓展课外知识，掌握正确鉴赏文学作品的方式，提高自身理解和分析能力。第五，掌握语言运用的正确方式，提升自身文学素养。第六，掌握运用所学文学知识正确品鉴赏析文学作品的方式。第七，加强自身语言基础的积累，推动英文综合素质的提升。第八，通过学习，提高自身跨文化交际能力、辨性思维水平等。

《综合英语：英国文学作品》是大一年级英语专业的必修教材，通常由英语专业教师进行讲解，该课程主要帮助学生了解英国文学的经典作品，同时也引导学生去主动阅读和赏析英文原著。通过该课程的学习，学生应达到以下几个目标：第一，熟练掌握英国文学发展史，了解英国文学的经典作家及其作品以及重要文学流派。第二，提高自身英语文学阅读能力。第三，熟练掌握基本的文学赏析和品鉴方式。第四，加强英语语言基础积累与巩固，提升自身英语运用能力。第五，通过学习，提高自身跨文化交际能力、辨性思维水平等。

作为英语专业大二年级必修课程的教材《综合英语：世界文学作品》主要由英语专业教师讲解，该课程主要以了解和鉴赏世界各国当代的著名作家及其经典作品为主。该课程的设置旨在帮助学生更为深入的了解和掌握世界各国当代文学的流派以及代表作家，同时提高学生英语语言运用的综合能力以及自己赏析和品鉴文学作品的能力，以此来加深学生对于东西文化差异的认识以及提高学生的批判性学术思维水平。通过该课程的学习，学生应达到以下几个目标：第一，熟练掌握世界当代文学艺术发展史。第二，熟练掌握现当代文学主要流派、代表作家及其鲜明的作品风格。第三，熟练掌握不同文体的创作方式及其风格，提高文学作品品鉴能力。第四，通过该课程的学习，加强英语语言基础积累与巩固，提升自身英语运用能力。第五，通过学习，提高自身跨文化交际能力、辨性思维水平等。

这三门课程将会安排在英语专业的前三个学期，且每周四节课。

（四）“基础英语”教学内容改革中发现的问题及改进建议

“基础英语”课程改革之后虽然在一定程度上帮助学生强化了语言的知识与技能、文学素养、人文知识等方面的能力，甚至对学生自主学习、创新以及思辨能力的提升也大有帮助，同时改革也存在一些问题。

1. 教材问题及改进建议

课文的选择直接影响到了语言教学的质量，倘若课文选择过于晦涩，则会打击学生参与活动的积极性，使得学生失去对于文学学习的兴趣和信心。一些学生反应某些美国文学作品对于语言和认知水平还相对较低的大一新生来说难度较大。虽说第二学期根据学生反馈对课文进行调整后情况有所好转，但课文中仍包含了许多生词难句，这就导致了学生将大量时间花费在单词的词义的查找上而忽略了课文中对作品内涵和立意的理解。比如教材中《苔丝》这一作品的节选就有大量学生反映阅读困难，大段的景物描写让学生们即使查找了每个单词的词义也很难明白作者的真正想法，倘若没有教师的指导，很难独立进行阅读与理解，甚至有时教师讲解过后学生也不甚明白。所以有些学生建议让教师选择更加合适易懂的教材，例如《简·爱》，语言直白，立意明显，作品中还包含了许多对话，学习起来更为容易，除此之位，学生们更希望学习一些与现代生活密切相关的更有时代感的课文。

2. 教学安排问题及改进建议

在课程教学安排方面，部分学生觉得教学速度偏快。由于教材中的课文均是较短的小说原文节选，且每节课的教学时间极其有限，学生难以在如此短的时间内通过其中一段节选了解小说的整体情况。小说的复杂性让他们无法仅通过一个章节或者节选就精准的掌握全书主旨，人物形象等方面，所以学生们建议教师应适当放慢教学的速度，减少教学章节，这样才能使他们在更好领悟所学内容的同时，拥有看完整部著作的时间。

3. 练习设计问题及改进建议

众所周知，教材练习一般包含两个部分，分别是语法和知识的练习。但有学生觉得，在教材练习的选择方面，语法练习的选择有些简陋，在提高学生语法能力方面帮助较小。这一看法在语法测试实验组中也有表现，实验表明，学生在学习了改革后的课程后，语法水平并没有什么显著的变化，以至于，有些学生怀疑自己的语法能力会在介绍文学作品的教学活动中降低。除此之外，语法在日常的期末考试以及英语专业四级考试之中占比较大，学生担心语法水平下降导致考试成绩不理想也是情理之中。相较于文学作品对于语法水平的提升，传统的“基础英语”课程语法水平提升效果更为显著。同时，学生还反应，在改革的教材之中，知识性的练习难度不够，学生希望能够在此基础上再增加一些更有难度一些的语法练习预计知识性练习。学生还希望教师可以推荐一些好用的语法工具书以供学生在遇到语法问题的时候进行查阅。相比起文学素养的提高，学生更希望教师可以选择合适的语法练习，帮助他们达到提高语法水平的目的。

4. 学业评价问题及改进建议

学生提出的一个改革中存在的问题就是学习内容与考核内容不符，所以学生希望可以在改革教材的同时也改革教学评价方式，采用多种方式进行教学评价，比如，可以通过选择题或判断题来检测文学常识，通过写小作文的方式来检验学生的阅读与写作能力。

5. 辅助性音像材料缺失问题及改进建议

学生希望教师可以为学生提供一些音像的学习辅助资料，且校园网网速过低，所以学生更希望教师可以为他们学习辅助资料的光盘。

二、社会文化课程教学改革探索

（一）社会文化课程的现状

在内容语言融合教育理念的指导下，大连外国语大学英语学院开设了几门旨在提升学生英语技能与知识以及英语专业综合素质的课程，例如“美国历史文化”“美国社会与文化”“美国自然人文地理”“英国历史文化”“英国社会与文化”“英国自然人文地理”等。这些课程的开设以专业知识为基础，有利于促进学生英语语言综合能力以及专业素养的提高。

“英国社会与文化”是英语专业大一年级的必修专业课，也在内容语言融合课程体系占据着极其重要的地位。这个课程每周两节课，一个学期共计三十四个学时，教材采用常俊跃、李莉莉、赵永青编写《英国社会与文化》。该教材内容涉猎甚广，其中包含了英国人的性格特点、价值观念、宗教文化、教育方式、社会风俗、艺术鉴赏等诸多方面。该课程旨在让学生在学习专业基础知识的基础上，能够对英国的风土人情、社会背景有着更为深入的了解和认知，进而加深学生对于中西方文化差异的理解以及进一步培养学生跨文化交流能力。教师在进行教学活动的时候，可以将多媒体技术融入课堂教学之中，通过多媒体设备播放相关的视频资料等，以此来增强学生参与到课堂活动中的积极性。课后，学生应根据教师的安排查阅相关资料来加深自己对于课堂所学内容的理解，或就课上的教学内容写一个小论文。平常分的评定应参考学生的课堂表现而定，其中包括课堂发言、课堂小测等。而期末的最终评价则应通过闭卷测试来检测学上对于英国社会文化常识等多方面的学习情况。

（二）“英国社会与文化”课程教学存在的问题及其改进建议

1. 词汇教学问题及改进建议

在教学过程当中，教师和学生都会产生许多不同的困惑。比如，学生在预习的过程之中将不会的单词查阅之后却仍然无法理解其中语句意思，这使他们陷入阅读困难的困境之中。想要突破这种困境就需要学生和教师双方的努力。学生必须调整好心态，明白学习过程之中遇到困难实属正常现象的道理，不断的探索学习方式。同时教师一方面要协助学生树立不畏难的意识，另一方面可以在课堂上抽取一部分时间为学生解决预习时留下的问题，帮助他们加深对于相关知识的认识与理解。

2. 语法教学问题及改进建议

关于学生所提出的在“英国社会与文化”课程学习中语法水平提升不大的问题，教师要加强两个方面的工作，其一是引导学生主动学习语法难点，加强语法知识的积累；其二就是，教师在进行教学活动的时候要加强对语法中重点、难点的关注，提高学生对于语法重难点的认知与理解。这种方式可以在帮助学生提高写作能力的同时，让他们在应对全国性统一考试的语法题目时更为轻松。

3. 听力教学问题及改进建议

教师在“英国社会与文化”课程的听力教学过程中发现了以下几点问题：第一，教师在播放视频的时候，有些学生难以集中注意力，过分关注中文字幕而忽视英语内容，还有些同学直接等着视频播放完后的教师总结，不认真听也不认真看。第二，播放视频的时候，有些学生反应视频语速较快，理解较为困难，还有些同学则认为视频内容过于枯燥无趣，无法提起听的兴趣。第三，在课堂发言环节的时候，由于学生多数只照着 PPT 念，过于枯燥，所以很多学生对此表现的兴趣缺缺，这样也不利于学生听力水平的提升。第四，部分学生反应课堂听力难度过低，对听力水平的提升帮助不大。

依据上述提出的问题，以下有几点建议。首先，教师在进行视频素材的选取的时候，若是较为简单的视频，可以选择不带中文字幕的，促使学生更加专心于听视频的内容，同时，在视频播放完成之后，教师可以让学生先对食品的内容加以总结，随后再由教师进行补充。第二，教师在视频素材选取的时候尽量与时俱进，选择学生较为感兴趣的内容，以此来提高学生听的积极性，此外选取的时候要注意视频的语速，不宜过快或过慢。第三，在进行课堂发言环节时，鼓励学生尽量以多种方式进行讲解与汇报，例如讲解着可以通过角色扮演等方式进行讲解，提高学生参与课堂的积极性，同时，教师也可以采取让每一位发言者发言结束后点一位同学进行提问，这样可以在活跃课堂气氛的同时提高学生的注意力。对于学生英语发音不标准的问题，教师可以自己或者让班里发音不错的同学进行示范和纠错，以此来保证学生英语发音的标准性。还有对于反应视频听力过于简单的同学，教师则可以适当调快视频播放速度。

4. 口语教学问题及改进建议

教师对于口语的重视程度直接影响到了学生的口语水平，所以，建议每一位教师都能多为学生创造口语练习的机会。除此之外，教师还可以通过给学生布置 oral assignment 和朗读课文等任务来提升学生的口语表达能力。

5. 阅读教学问题及改进建议

学校里存在一些英语成绩较好但是阅读层面较窄，极少扩展所学内容的同学。对于这类学生，教师应当多给他们推荐经典的课外读物或是网站，让学有余力的同学在学习之后自行阅读。教师可以通过在课堂小测之中加入阅读理解题的方式来推动学生阅读理解能力的提升，在选择题目的时候可以引用专业四级的考试原题等，帮助学生为将来的英语专业四级考试打下基础。除此之外，教师也可以在课前在 PPT 上放一则小的寓言故事之类的让同学们提前阅读，上课后叫同学起来总结故事内容，以此来提高学生的阅读能力。现如今，在社会发展的需求之下，学生更注意英语的实用性，希望自己所学的东西能与时代接轨，所以，教师在教学的过程之中，也可以将时事政治融入课堂教学之中，在提高学生阅读能力的同时，让教学方式也更切合实际。

6. 写作教学问题及改进建议

教师们对于写作训练的关注程度不同，学生在写作方面的感受也就不尽相同，基于对写作水平的提升，研究者提出了以下几点建议。第一，提高写作频率，降低写作字数，教师可以在每一章或每一个教学阶段结束之后布置一个小论文，帮助学生循序渐进的提升写作水平。第二，在写作形式上，教师可以让学生对课文进行改写，这种形式可以在帮助学生进一步加深课文印象的同时，锻炼了学生的写作与创新能力。除此之外，教师也可以让学生采取别的方式进行写作。对于大多数学生来说，写作难度较大，学生对此也有一定的抵触心理，所以教师就更应当变化多种写作形式，缓解学生对于写作的反感程度。

7. 专业知识教学问题及改进建议

有一些学生反应，他们在进行英国社会文化知识的学习时极容易遗忘。对此教师应当在上课的时候帮助学生提炼出各个单元的重点知识，并帮助他们融会贯通章节的核心内容，同时教师还要注意学生的知识复习巩固工作。

8. 相关课程教学问题及改进建议

部分学生反应，内容语言融合课程之间联系性较弱，学起来不太灵活。对于这类问题，教师应当尽量保证 CLI 的一系列课程之间具有一定的联系性。当然，这对于教师和学生来说都是一个难以攻克的难题，不过，在两门课有联系比较紧密的课程时，可以将这两节课合并起来，在帮助学生更好的构建知识体系的同时，还能够节省下一定的课时数，为后面的教学任务争取更多的教学时间。

9. 思辨能力教学问题及改进建议

有关教学中思辨能力的问题，尽管大多数学生都表示课堂讨论过程中自己的思辨能力得到了提升，但是，在课堂讨论的时候，学生大多数使用汉语交流，且只有在发言的学生才能得到思辨能力的锻炼，而那些腼腆不爱说话的学生则难以参与到课堂讨论之中去，思辨能力自然也无法得到锻炼。所以，在课堂讨论环节时，教师应当鼓励学生多使用英文进行交流，同时，教师可以按照学生学号进行发言，提高学生的课堂参与度。

10. 跨文化交际意识培养问题及改进建议

关于跨文化交际能力的培养问题，教师在进行“英国社会与文化”课程的讲授工作时，要有意识地树立学生跨文化交际意识，增加学生对于别国文化的敏感程度。

11. 课后练习设置问题及改进建议

针对课后练习存在的问题，部分学生指出学校课后练习中的某些句子纹丝不动的照抄了原文，无法达到复习和巩固的目的，所以他们期望在不改变考点的情况下，让句子与原文有所区分。同时，还有一部分学生希望课后练习可以参照英语专业四级的题型，以此来为将来的英语专业四级考试打下一定的基础。

12. 课堂活动问题及改进建议

部分学生反应，该课程的教学活动灵活性与多样性较弱。“英国社会与文化”这一课程虽然增加了 oral assignment、概括课文、朗读课文等多种课堂活动，但本质上还是建立在传统的课堂模式（即课堂发言后由教师进行讲解）上的。学生们还是希望教学活动中能多组织一些“有肢体语言的课堂活动”，例如让学生进行名著角色的扮演或者将课本拍成戏剧进行表演等，这种教学活动可以在活跃课堂气氛的同时，提高学生参与课堂活动的积极性。

13. 教材安排问题及改进建议

关于学生反应的教材结构安排不合理的问题，教师在编排教材的时候应当注意，将教材中偏难的部分（如英国政治体制）与偏简单的部分（如英国饮食文化）进行交替排序，这样的安排可以给学生空出一定的时间，让他们更好的理解和领悟教材偏难内容。

第四节 内容语言融合教育改革的影响及启示

大连外国语大学英语学院以内容语言融合教育理念为理论基础对本专业的专业课程进行了系统的改革。本次大连外国语大学英语学院专业课程体系的改革源于该学院的教学理念的变化，教学理念的改变推动了课程建设理念的改变，于是大连外国语大学英语学院课程体系、教材设置、教学方式、管理方式等方面也都跟着发生了变化。

一、内容语言融合教育改革的影响

（一）英语专业整体课程体系改革实践对教师发展的影响

CLI 课程体系改革在给教师带来挑战的同时也带来了许多教学机遇。

1. 推动教师业务水平不断发展。在以前传统的语言技能教学之中，语言技能的内容与知识较为零碎，这导致教师很难帮助学生构建起一套专业系统的知识体系。但在教学改革之后，教材变得更为系统合理，在推动学生专业水平发展的同时，教师的知识结构体系也得到了一定的改善。除此之外，以内容语言融合教育理念为理论基础的改革也促使教师更多去研究和探索新的教学方式，提高自己的业务水平。

2. 推动了教师专长的发展。在传统的教学课程体系当中，教师能接触到的自己擅长领域的机会较少，但改革过后，以文学和语言学为核心的教学体系为教师发挥自己的专长创造了机会。

3. 推动教学开发能力的提升。自 2007 年来，在教学改革的推动下，一些专业的教师团队开发了语言学、英文文学以及与之相关国家的政治、经济、文化、历史、地理等多门跨文化课程，并编撰了相应教材，其中他们开发的“美国社会与文化”课程更是列入了省级共享课的优秀资源。

4. 教师教学研究能力得到提升。教师在教学过程之中能更为直观地感受到改革中存在的教学问题并展开研究，这使得教师的教学研究能力得到了提升，同时也帮助教师取得了较多的教学研究成果。

（二）英语专业整体课程体系改革实践对教学管理的影响

CLI 课程体系改革对教学管理体系和管理者也产生了一些积极影响。

1. 加深了管理者对于教学理念的了解与认知。管理者在看见教学改革所取得的成果之后，一方面加深了他对于内容语言融合教育理念的了解与重视，另一方面他们也会更为积极的推动教学课程与教材的改革和研发，并促进该教学理念的宣传与推广。

2. 促进管理者对培养方案的制定与完善。有关于课程改革的研究极大地减少了管理者因培养方案决策判断失误所带来的负面影响，一定程度上保证了管理者决策的科学性与可靠性。

3. 让管理者认识到教学改革研究的作用与价值。在改革研究中取得的成果可以让管理者更为深刻的意识到教学改革研究对于专业提高、学科建设的价值，让他们更加积极主动的推进教师的教学改革研究工作，推动教师学术研究能力提升。

4. 推动课程管理体制的完善。传统的课程管理体系规定，英语专业听、说、读、写技能的相关课程必须按照学期顺序进行安排（比如，英语听力 1、2、3、4 必须严格按顺序进行课程设置），顺序不可打乱，这样的课程安排为学分制的实行以及学生的选课工作造成了极大的不便。而按照内容进行课程安排的课程管理体系则彻底消除了传统课程管理上的许多不便之处，帮助学校更好的实行学分制度，帮助学生更好更便利的进行选课工作。

5. 推动了课程的国际化。跨文化交流一直是英语专业教育工作中极为重要的一环，但传统教学模式中的听、说、读、写技能课程却很难和英语国家进行交流与接轨。但以专业内容为基础而开设的专业课程则极大程度上地解决了这一问题，他推动了课程的国际化进程，促进了学生跨文化交际能力的提高。

6. 推动了其他外语专业的教学改革工作。在英语学院内容语言融合教育改革取得一定成果之后，大连外国语学院积极倡导其他外语专业结合自身语种的实际情况进行内容语言融合教育改革，促进了其他外语专业教学改革工作的进行。

（三）英语专业整体课程体系改革实践对英语教育领域产生的影响

内容语言融合教育改革理念影响力逐渐扩大，该理念对我国英语教学改革来说极具借鉴价值。

第一，内容语言融合教育改革理念得到了国内诸多一线教师的认可与支持，同时也有众多知名的教育专业对改革表示高度肯定。大连外国语大学英语学院时英语专业教学改革的领头羊，他们的改革方式和经验对于国内无数英语院校来说，具有极高的借鉴价值。

第二，教师的教学理念受到内容语言融合教育改革理念的影响。随着改革的不断深化发展以及改革的阶段性成果的不断涌现，关注内容语言融合教育改革的教师愈发增多，越来越多的一线教师投入到内容语言融合教育的讨论与交流之中，其中国际关系学院、华中农业大学、首都经济贸易大学等几个高校积极投入到与改革团队的课程改革信息交流与研讨之中，重庆大学、沈阳大学、武汉理工大学等高校则是直接结合本校外语专业学生的实际情况融合内容语言融合教育改革理念开展了课程改革的实践工作。

第三，教学改革的教材以及成果影响力日益扩大。在内容语言融合课程体系改革中所出现的多个阶段性成果的影响力日益扩大，多位学者通过在多个期刊发表研究性论文的方式与同行交流改革的最新成果或是所遇到的问题，越来越多的师生表示在使用了改革开发的新教材之后，自己的语言技能以及专业综合能力得到了提升。

二、内容语言融合教育改革的启示

（一）内容语言融合教育理念对英语专业建设具有重要意义

内容与语言融合教学有利于加强外语教学与语言之间的联系，有利于推动学生个人综合素质，专业素养、语言能力以及专业水平的提高，对我国的英语专业教育教学发展具有重大意义。

（二）所倡导的内容语言融合教育有助于构建全新的课程体系

丰富了英语专业的专业内容，课程体系的多样化有利于学校培育出更多不同类型的人才，同时也推动了院校专业人才培养特色化进程。

（三）开展内容语言融合教育有助于教学及研究队伍的培养

以学科内容为基础的教学改革有利于优化教师队伍，推动教师业务水平的增长。还有一些教师将自己擅长领域内的研究学习成果融入实践教学之中，更好的帮助学生提高专业知识水平。

（四）开展教学改革研究具有重要的实践价值和学术价值

教师们在根据自己专业实际情况进行教学改革的过程当中切实做到了教学与研究相辅相成，这样在有效的推出教学研究结果的同时，有利于加强高校教学与科研的联系，甚至还消除了人才培育与学术科研割裂的弊端。希望内容语言融合教育改革的研究与探索可以在奖励推进外语专业教学方式、理念、质量、课程体系以及教师队伍的革新，推动我国教研相长。

第五章　跨文化交际背景下的英语教学探索

作为文化的纽带，语言与文化是密不可分的，语言中有文化，文化因语言而行远。近年来，英语教育在发展中不断改革，文化已经成为英语教育中不可或缺的部分，本章将主要对跨文化交际背景下的英语教学展开研究。

第一节　跨文化教育的基本内容

一、跨文化教育兴起与发展的背景分析

（一）文化冲击与文化冲突的存在

不同民族之间的交往古已有之，尽管他们各自拥有不同的文化，但在政治、经济等因素的影响下，民族间的交往活动断断续续地开展着。随着时代的变化，这种民族间的交往活动愈渐深入，文化起到的影响越来越大，在巨大的文化差异下，不同民族亲密关系的建立也越来越难。

在跨文化交流中，文化冲击与文化冲突是两种十分常见的现象，二者产生的根源都是巨大的文化差异。文化冲击又叫文化震惊，本质为文化失落与心理失衡，它的存在为跨文化交流制造了难以逾越的鸿沟。文化冲突的激烈程度远大于文化冲击，它是由文化价值观的根本差异导致的现象。不论文化冲击还是文化冲突，都阻碍着跨文化交流的顺利进行。

跨文化教育是建立在跨文化交流基础上的一种活动，教育主体即教师必须深刻意识到文化差异的巨大影响，引导学生积极了解不同国家、不同民族的文化，减少文化冲击和文化冲突现象，提高跨文化教育的效果。

（二）跨文化接触的日益频繁

21 世纪，人类的生活呈现极其鲜明的开放性特征，或者是由于生存的需要，或者是因为偶然的相遇，不同国家、不同民族的人接触得越来越频繁。跨文化交际显然已经成为这个时代发展所无法避开的话题。

人类社会发展中最初级的交往形态是人与人之间、家庭与家庭之间的交往，这种交往以民族化为主要特征。社会的演进使交往形态发生了很大变化，现在的交往已经上升至国家与国家之间、民族与民族之间，呈现出国际化的特征。当前，要想进一步繁荣国家经济、促进民族兴旺，就必须开展丰富的跨文化交际活动。在此背景下，跨文化教育也逐渐成熟起来。

（三）文化认同

经济全球化程度的加深影响了不同民族文化的发展，全球范围内的文化认同正在形成。文化认同的过程非常复杂，对文化认同的理解至少要从以下两方面入手。第一，文化认同要以各种各样的文化要素为依据，这些文化要素通常以语言的形式呈现；第二，文化认同与人们的身份归属有着密切联系，认同某一民族的文化是确立身份归属的前提，认同的方式包括参与民族文化活动、了解民族文化习俗等。

文化认同主要由三个层次构成，首先是家庭认同，这也是最低层次的文化认同。生活在同一家庭中的人互相认可，实现夫妻间的和谐相处，父子间的友好相处，长幼间的有序相处。家庭认同的理论基础是传统的人伦孝悌，生理基础则是不可更改的血缘关系，家庭成员长期生活在同一地点、同一环境中，久而久之就形成了家庭认同。其次是民族认同。从某种意义上来讲，民族就是一个大家庭，同一民族的人流淌着相同的血液，共同为民族的兴旺发达而努力。民族认同需要以家庭认同为基础，千万个和谐的小家共同构成了伟大的民族。最后是全球认同。当世界上的所有国家和民族追求的发展方向趋同时，也就是在人口、资源、环境等全球性问题上达成一致，就意味着全球认同基本形成，和谐成为全球发展的主要态势。

基于以上分析，跨文化教育的兴起与发展无疑是必然且可行的。

二、影响跨文化教育的因素

（一）文化定势

通常人们将文化定势划分两种不同的类型，其中第一种就是“自定型”

的文化定势，第二种就是“他定型”的文化定势。通常情况下，人们在日常生活中所描述的文化定势一般就是指他定型的文化定势。在社会生活中，文化定势也能够对人们的判断产生一定的积极影响，即它有助于人们快速、准确地了解一个民族的文化以及发展特点等，从而使人们可以更好地了解不同地区的主流文化。众所周知，不同的民族有不同的文化，人们不可能也没有条件了解和掌握所有民族的文化，这时文化定势就可以让人们快速地了解不熟悉的民族的文化特征以及内容，这种方式效率更高。

从心理学的视角进行分析，文化定势会受到人们头脑中文化因素的影响，并会较大地影响人们的文化倾向，起到一定的积极作用。从人们的行为视角进行分析，文化定势的积极影响主要表现在如下几个方面：第一，使学生更加深入地了解外语，并提升学生学习外语的积极性和效率；第二，使人们在跨文化交际中能够快速了解对方的文化等，提高交际的成功率。

当然，文化定势也会对交际者产生一定程度的负面影响，其具体表现如下：

第一，文化定势注重分析不同群体之间的差异，从而使人们忽视甚至忘记了个体之间存在的差异。文化定势的影响使人们错误地认为，有些文化符合大多数人的理念，因而它就会符合每个人的想法，这种做法就忽视了个体之间的差异性，它会在一定程度上阻碍跨文化交际的顺利开展。

第二，文化定势非常容易使交际的双方从很片面的角度来分析文化，从而错误或者狭隘地认识某种文化，并严重阻碍交际的顺利进行。中国人十分礼貌，他们在面对别人的称赞时往往会十分谦虚地回应，不会表现出骄傲的态度或者自满的样子。因此在很多人的思想中，他们认为中国人在面对称赞的典型回复方式就是“过奖了”之类的客气话。实际上，这种思想就很容易让人们产生一定的误解，他们会认为所有的中国人都会谦虚地应对别人的夸赞，而实际上并不是这样，这种谦虚的应对方式只是获得大多数人的认可，还有一部分人不会采用这种谦虚的方式来应对别人的称赞。随着社会的发展以及人们思想的改变，现在中国人面对称赞时会采取多样化的方式来应对，而不完全是谦虚应对。

第三，如果利用不是很得当，文化定势就会成为某个群体的独特文化，这些群体就会在一定程度上歧视其他的群体或者文化等。歧视是一种十分不好的现象，它会阻碍跨文化交际的顺利进行，会使不同的民族之间产生争论与矛盾等。

第四，文化定势的存在十分容易使不同民族忽视各个民族之间文化的共同因素，而是只看到不同民族之间的文化差异。其实这种差异并不是绝对的差异，而是一种相对的差异。虽然世界上很多不同的民族在发展的过程中形成了自身独特的文化，这些文化各具特色，但是从宏观的视角进行分析，不同的民族文化实际上具有较多的共同点。文化定势就很容易使交际者过分重视不同民族之间文化的差异，从而忘记或者忽视了这些文化之间的共同点。其实，各个民族的文化特征都是相对的，并不是完全绝对不能改变的。又如中国人历来崇尚集体主义，但是也有一小部分的中国人喜欢个人主义，只要这些人不危害国家、企业或者集体的利益，这种思想也是可以存在的。因而人们在实际的跨文化交际中要合理地分析和看待文化定势，积极地利用其优势的方面，尽量地避免其消极的影响。

（二）环境因素

在交际的时候，我们往往过于重视言语却没有意识到环境的重要性，环境不仅会影响信息的交换，还会影响我们对信息的解读，一般而言，我们可以将环境分为以下两种。

1. 物理环境

环境能够起到调节文化的重要作用。如果地理环境存在差异，那么人们获得粮食的方式就会有所不同，甚至会影响到人们正常交往的方式。此外，地形地貌、水资源是否充沛、气候是否适宜等都会对人类的结构产生重要影响，也会逐步对当前社会行为的方式产生一定的影响。同时，在城市生活中，大到城镇的布局，小到某个家庭的房间布置情况等都会影响人的生活方式。

2. 心理环境

不同的人对物理环境的认知是有差异的，这种认知上存在的差异是由心理环境的差异导致的。我们与周围的环境之间也有紧密的联系，并且周围的环境也会对我们产生深刻的影响。有些学者认为，我们的行为受到心理环境的影响要大于物理环境的影响。如果我们了解不同交际对象的心理环境，无疑能提高我们的跨文化交际能力。

在各种心理环境中，有很多因素会对跨文化交际产生重要影响，下面我们对其进行简要阐述。

（1）隐私

心理环境指的是人对客观环境的认知与利用。对于隐私而言，其与客观环境之间有密切的关系，也与人们对环境的观察密切相关，隐私会控制人的交往行为，也会影响人们对待环境因素的态度。

从本质上而言，隐私是一种控制机制，能影响人们接触某一群体的行为，在隐私的控制下，我们会有选择性的挑选我们愿意交往的人。

一般而言，我们可以将隐私分为以下四种：隐居。古代的一些文人为了躲避世俗的生活，一般会选择一个僻静的地方隐居，从而过起与世隔绝的生活；亲密无间。亲密无间指的是人只愿意和自己最亲密的朋友去透漏自己的想法；匿名。指的是自己不希望被其他人所发现；自我克制。指的是不想被外界骚扰，是心理克制的一种外在表现。

在不同的文化中，上述的四种隐私都会有一定程度的反应，当然在不同的文化中，其表现的侧重点也是有差异的。

（2）时间

文化不同，生活时间的模式也会有所不同，这些不同也可以看作心理环境的重要组成部分。在不同的模式下，人们对待时间以及使用时间的方式也是不同的，这甚至会对人际交往产生更为直接的影响。

三、开展跨文化教育需要解决的问题总结

（一）语言、文化平等问题

显然，跨文化交际过程的实现需要双方的互动，而不仅仅是一方面的简单交流。要想顺利地实现跨文化交际，交际的双方就应该彼此尊重对方的文化，如果做不到尊重，那么交际显然是无法正常、顺利开展的。

在开展大学英语跨文化交际的过程中，教师应该向学生传达出交际的重要作用，从而让学生明确不同的语言以及文化都是平等的。对于分属于不同国家的人，他们在进行交际的时候应该让彼此处于平等的状态，不应该搞民族对立。

随着经济全球化进程的加剧，我们面对异族文化的机会也越来越多，那么教师在讲授异族文化的时候，就应该让学生树立文化平等的意识。世界上各国家的发展速度是不同的，各国的经济实力以及军事实力等也有较大的差距，但是若从文化的角度出发，大家应该都是平等的，因为只要文化能够经过时间的洗礼而留存下来，就说明其是有一定的生命力的。

对于世界上任何文化而言，其都有自己独有的优势，这些是其他民族的文化所无法代替的。对于某些存在的棘手的问题，这些文化中的价值资源会为人们提供解决问题的思路。无论是对于任何的一种文化而言，它们都能在不断地借鉴与融合中让自己的文化得以丰富和发展，也只有这样，人们才能更好地适应当前经济全球化的发展趋势。具体到英语教学中，教师就应该积极引导学生学习西方的文化传统，从而为以后的顺利交际奠定深厚的基础。

（二）文化认同问题

在当前，有很多大学生拥有很强的表达能力，并且在论述的时候也不会犯那些简单的拼写以及语法错误，看起来所有的都是符合英语语法规则的，但是他们的表达并不是完美无瑕的，表达方式不合适是他们普遍存在的问题。如果在交际的时候用了不合适的表达方式，那么往往会引起误会的产生，这是由于很多学生缺乏目的语文化知识，并且没有认识到目标语言文化的使用规则，如果要找深层的原因，往往是因为交际的双方没有形成文化认同。

文化认同指的是属于某个文化群体下的单一个体对其文化所产生的归属感，其包含的范围是很广的，比如思维方式的认同、社会价值的认同、风俗习惯的认同等。

在当前的背景下，全球经济得到了进一步的发展，不同国家之间的距离被拉近了，不同民族人们之间的交流与沟通也日益频繁。不同民族的人都在有意识的弘扬自己的优秀传统文化，与此同时，他们也在不断吸纳其他民族的文化，并进行努力学习。

很显然，文化认同是一个双向的过程，交际的双方不仅会认同对方的文化，同时对自己的文化也会有更加深入地了解。在人类社会的发展过程中，文化认同让不同民族人们之间的交往更为顺利，并且这也是人类认识自然的一个升华的过程。

在当前的时代背景下，不用国家都会面临着多元文化的现象，所以教师在开展跨文化教学的时候就应该意识到文化多样的重要性，并积极引导学生去理解不同文化。

在具体的交际过程中，交际的一方不仅需要尊重其他国家的文化，还应该尊重自己本国的文化。在具体的教学过程中，教师就应该做好我们优秀民族文化的宣扬者，让学生逐步建立起对本民族文化的认同，在此基础上，让学生逐步接触其他民族文化的起源、发展以及意义等，让他们明确世界上的文化是具有多样性的，这样学生才能带着欣赏的眼光去看待这些知识，从而为自己的多元文化价值观念的形成奠定坚实的基础。

（三）文化冲突问题

从宏观上来看，文化冲突指的是不同文化主体之间的对立关系，这些差异往往会反映在道德宗教、传统习惯法律思想以及风俗等各方面。

如果站在文化空间的角度出发，不同的民族会为了占据更大的文化空间而进行自己民族文化的大肆宣扬，当然这里的空间并不是几何意义上的空间，而是从文化层面出发的空间。与政治以及社会上的其他冲突相比较，居于核心地位的依然是文化冲突。一些领域的冲突往往会以文化冲突的形式展示出来，比如政治以及经济领域的冲突，我们就可以在文化冲突中发现端倪。所以，如果文化冲突的形式或者内容与以往有所不同，那么必然也会影响到经济以及政治领域冲突的变化。

如果两种文化是处于对立的状态下，那么就会导致文化冲突的产生，如果两种文化不再互相排斥了，那么就可以看作文化冲突的结束。要从形式的角度出发进行分析的话，我们可以就可以看到文化冲突的形式是具有多样性的，有内部冲突与外部冲突之别。对于一个国家来说，如果其内部民族众多，那么在长期地域文化的影响下，他们的风俗习惯与处事方式等都会形成自己的特色，不同民族的文化可能会有冲突之处；对于不同的国家而言，它们之间的冲突则可以被看作外部冲突。

不同文化主体的价值观是有差异的，这种差异也是导致文化冲突的最根本原因。不同的人其成长背景是有差异的，对于同样的一个问题，不同的人会有不同的看法，所以就可能会产生争执与讨论，从而直接或间接地导致某些社会问题的产生。

因为其他国家的文化毕竟不是我们本民族的文化，所以在交际的时候我们往往会下意识地用自己的文化去衡量或理解其他国家的文化，这就会导致理解的失误，从而引起交际冲突。那么教师在教学之前就应该做好充足的准备工作，将那些容易产生冲突的情境总结一下，让学生提前接触。

这对大学英语教师自身素养提出了一个比较高的要求，要想教育好学生，教师自身的文化视野必须非常宽广，并且他们也不能受到母语文化思维的牵绊，但是，需要指出的是，教师不能一味地只是让学生去无条件地接纳异文化而无视或贬低自己的文化，而是应该注重本民族优秀文化的传承。

经济全球化的实现需要各国的共同参与，不同国家的经济都会成为全球经济的重要组成部分，在当前的经济背景下，不同国家之间的交流日益频繁，不同文化的触碰也日益频繁，这都是时代发展的必然结果。不同文化在融合与触碰的过程中不可避免地会出现文化排斥的现象，这一现象的存在是无法避免的，那么既然无法避免，教师就应该培养学生随机应变的能力，切实提高他们解决问题的能力，让他们能正确处理冲突。

第二节　跨文化交际与英语教学的融合

一、跨文化交际与大学英语教学融合的意义

(一) 培养跨文化认知能力

为了使高校培养的大学生能够符合社会对人才的需求，为了使大学生在未来的实际工作种能够运用英语这门语言，高校的英语教师在日常的教学过程中就需要注重培养学生的多方面英语能力，从而提升大学生的英语综合素质，如大学生的英语口语能力、听力能力以及阅读能力等。可见在跨文化交际中，学生的跨文化认知能力十分重要。

通常学生的跨文化认知能力包含多种不同的因素，如学生的情感因素等，其主要是指学生在学习英语的过程中不仅要了解和熟悉我国的优秀传统文化，还要了解和熟悉西方文化的文化传统，这样学生才能够在熟悉西方文化的基础之上对世界有更加深刻的认识和领悟。

(二) 培养跨文化情感能力

情感因素就是指在具体的跨文化交际实践中交际双方的态度以及表达的情感、情绪等，这种因素也会对交际的顺利开展产生很大的影响。在很多情况下，情感因素的发挥会影响交际双方交际的成败。因而在实际的高校英语教学中，教师要着重培养和提升大学生的跨文化情感能力，使学生在不同的场合能够恰当地处理自己的情感，从而使跨文化交际更加顺利地开展。

(三) 培养跨文化行为能力

行为因素就是指在具体的跨文化交际实践中交际双方运用的各种技能以及一定的交际能力。例如，两个具有不同文化背景的人在交谈中如何切换他们交谈的主题或者如何有礼貌地结束这次谈话的能力等。在跨文化交际中，学生的跨文化行为能力也是其交际成败的重要影响因素，因而教师要适当地采取适合的举措来提升学生的跨文化行为能力。

二、跨文化交际与大学英语教学融合的原则

(一) 文化情景真实性原则

所谓真实性就是指英语课堂中教师创设的英语情境必须包含真实的文化内容，能够为学生的英语语言表达提供适当的机会。对于大学生而言，教师创设的文化情境真实性越高，其越能够引起学生的情感共鸣，同时吸引学生的注意力，这样才能够使学生更好地融入情境体验中学习相关的文化知识。

在实际的英语教学中，教师要为学生创设一定的真实语境，其实质上就是要求教师为学生创设适当的体验场景，从而便于教师在实践中开展英语文化体验教学，这对大学生英语理解和表达能力的提升具有重要的价值。

(二) 学生中心原则

在现代化的信息技术时代，大学生普遍可以通过网络来获取自己需要的学习资料等，这也对大学生的英语文化体验教学产生了较大的影响。其要求大学生尝试着转变自己的学习方式，学生要积极主动地学习英语。也就是说，在英语体验教学中，教师要始终坚持以学生为中心的原则，要转变学生的角色，提升学生的学习地位。

(三) 合作学习原则

根据多元智能理论，不同个体之间存在个体差异，但是不同个体都包含八种不同的智能。不同的学生有擅长的智能模块，也有不擅长的智能模块，因而在实际的英语体验文化教学中，教师要在日常的教学活动中仔细地观察每个学生，挖掘每个学生的优势以及闪光点，同时采取一定的措施弥补学生的劣势智能模块。

对于学生个体而言，他们在学习的过程中实际上就是协调运用各种智能的过程，教师要引导学生充分运用自身的优势智能模块，促进学生的个性化发展。此外，在教学中，教师还要让学生意识到自己的责任，要让学生成为学习的主人，使学生愿意对自己的学习结果负责。在建构主义理论中，学生学习行为产生的重要前提条件就是学生对学习的参与程度，而合作学习者可以提升学生的学习积极性，可见合作学习的重要性。在大学英语文化体验教学中，学生的学习一定要遵循合作学习的原则。

三、跨文化交际与大学英语教学融合的方法

（一）创设文化体验情境

在实际的英语教学中，学生需要掌握大量和英语语言有关的文化知识，这些文化知识有一些是浅显易懂的，还有一些比较生僻和拗口，需要大学生在一定的情境中体验并掌握。对于高校的英语教师而言，他们在课堂中创设英语的教学情境一定要注重体验内容的真实性。教师创设的英语情境离学生的日常生活越近，学生越能够深刻地理解这些文化知识。

在大学英语的文化情境体验里面有很多互动的环节，如教师与学生之间的互动、学生与学生之间的互动以及学生与情景之间的互动等，在这种互动的过程中，学生很容易理解和掌握相应的文化内涵，这种情境还能够加深学生的记忆。因而教师要积极地为学生创设一定的文化体验情境，帮助学生更好地学习英语知识以及文化等。

（二）布置学生自主学习体验任务

在新时代，我国的教育改革强调以学生为中心，要调整教师和学生的角色定位，从而使学生成为学习的主人。因而在高校的英语文化体验教学中也要强调以学生为主体，教师要引导学生开展自主学习，让学生真正成为自己英语学习的主人。这就要求教师无论在课堂的教学中还是在学生课下的学习中，教师都要突出学生的主体地位，让学生在体验中学习和掌握相关的英语文化知识。众所周知，在现代化的信息技术时代，每个学生都有多种途径来获取信息资源，学习英语文化知识，因而英语教师可以借助先进的信息技术来辅助高校的英语教学，从而提升教学的质量。具体分析而言，教师可以给学生布置一定的自主学习体验任务，让每个学生都能够合理分配自己的学习时间，通过网络等多种渠道来完成教师布置的自主学习体验任务。这不仅能够提升学生的学习积极性，还能够让学生在有限的时间内掌握更多的文化知识。

（三）渐进引导学生文化体验

在实际的教学中，教师应用英语体验文化教学方法时一定要遵循循序渐进的原则，要兼顾教学的需求以及学生的实际英语水平。在实际的大学英语文化体验教学中，教师需要在课堂中为学生选择适合的教学内容，教学内容既不能太简单，让学生失去兴趣，也不能太难，打击学生的自信心，教师要遵循最近发展区的原则为学生设计教学的内容。

第三节　跨文化视域下的英语教学策略

一、跨文化视域下的英语阅读教学策略

（一）利用教材扩展学生的跨文化知识

阅读活动与认知活动是具有相似之处的，如果我们想要顺利开展阅读，就应该跨越语言、文化的障碍。在培养学生的跨文化交际能力时，教师应该明确语言知识以及文化知识的重要性。

第一，相对于其他的材料，教材具有更高的权威性，学生完全可以根据教材上的内容进行学习与模仿。

第二，在特定的语境下，作者会发表自己的见解并表达自己的感情，其中就会涉及表层文化以及深层文化。为了让学生有足够的时间去了解多元文化，让跨文化交际能够得以实现，学生就应该掌握一定的文化知识。

第三，如果学生缺少某些跨文化理论，但是教材中所涉及的相关文化知识就能对此进行有效弥补，从而降低文化冲突的发生。

教材中的文化知识应该引起我们的重视，我们只有对其中的文化知识有深入认知，才能在后续的阅读环节做到毫不费力，那么教师就应该充分发挥出自己的作用，给学生讲授全面的语言文化内容，从而让学生能更好地明确其中的文化知识，这样就能让阅读教学得以顺利进行。

（二）提高学生跨文化意识

为了学生跨文化意识的进一步提高，教师就应该重视阅读教学中文化渗透的重要性，一般而言，阅读不仅仅是去读各种文字，还应该体察到文字背后所蕴含的文化因素，如果没有在思想的层面上意识到文化的重要性，就容易导致理解偏差，所以就需要教师在阅读教学中逐步培养学生的跨文化意识，并逐步抛弃原有的一些死板的教育方式。

在跨文化意识养成的最后阶段，行为主体能通过自己的理解去评判现存的某些文化现象，此时，其认知水平已经能够超越对文化的理解。

在此阶段的教学中，教师就应该让学生能够正视不用文化之间的差异，并能尊重不同的文化，同时也应该有自己的看法。

（三）开展有效的文化研讨

在探讨英语文化的时候，教师可以将其分成若干个小主题，并且在一定的时间里让学生对此展开讨论，在讨论的时候应该追求讨论的效果，而不应该流于形式，教师要尽力发挥所有同学的积极性，让更多的同学都能加入讨论的环节中。

在讨论之前，教师就需要确定出一个合适的主题，同时在整个的讨论环节，教师都应该发挥好自己的支配以及控制地位。在学生讨论的时候，教师应该给他们一些建议，能够解答学生的困惑。随着这种讨论活动的开展，学生们的文化背景知识也会得到进一步提高，从而增强他们的文化底蕴。

在各种课堂活动方式中，课堂讨论是极为重要的，讨论效果如何会影响到课堂的具体实施，在每次正式开始讨论之前，教师需要让学生知道所讨论的重点，并且告诫学生不要跑题。在学生自由讨论的过程中，教师应该参照所制定的那些规则，并查看学生的遵守情况。实际上，这也利于让教师发现互动过程中存在的问题。

在文化研讨中，英语教师应当注意以下几点：

（1）在英语课上，学生并不仅仅具有单一的身份。对于教师来说，他们应该明确不同的学生是具有不同的行为方式的，面对同样的要求，不同的学习者可能会做出不同的反应，所以教师在授课的时候就应该考虑到不同学生之间的个体差异，并采用各具特色的方法，提高学生的参与度。

（2）在课程开始之前，教师就应该让学生提早做好准备，让他们明白阅读的重要性，并与之探讨相关的阅读对策。

（3）在具体的课堂教学实践中，教师应该让学生明确教学的目的，并让学生能反思自己的所得。

（4）同时，教师也应该明确规则的重要性，让讨论活动能够有秩序的进行下去。

二、跨文化视域下的英语写作教学策略

（一）培养学生的英语思维模式

在英语写作教学的过程中，教师应该引导学生对比中西文化与特征，让他们掌握英语篇章的组织方式，并逐步引导他们，让他们写出更高质量的文章。

（二）开设文化选修课，导入文化知识

为了让学生拥有更为开阔的文化视野，教师除了应该在写作中融入文化知识以外，还应该进行有针对性的写作训练。一些与文化相关的选修课比如“语言与文化”“语用学”等就可以逐步开展起来，这样不仅能让学生拥有更为广泛的接触西方文化的途径，还能让学生的视野得到进一步开阔，从而培养他们的文化意识。

（三）重视学生写作基本功的训练

在学生学习期间，大学英语课程是学生学习英语的主要途径，但是通过观察我们的传统课堂可以发现，教师在课上多是进行基础理论知识的讲授，并没有太多的教学实践活动，这样显然会导致学生实际应用能力不足。所以，教师就应该加强学生词汇以及语篇等方面的训练，这样就可以逐步提高学生的写作能力。

句子是文章的基本构成部分，所以教师就应该教导学生把握基本的句子成分以及特征等，这样就可以逐步提高学生们的语言基本功。除此之外，学生还应该对英语的语法有明确的认知，只有经过一定的训练，学生才能写作表达正确的英语作文，并逐步提高自己的写作水平。

（四）增加英语阅读量，强化英语语言应用能力

阅读与写作之间是存在密切关系的，学生只有通过大量的阅读，才能积累到足够多的词汇并对词汇的不同含义产生深刻的认知，在阅读的时候，学生可以通过作品去了解某个时代的概况，跟随故事中人物的情感去体味作者的感想，这样也可以给学生积累下丰富的素材，并陶冶他们的情操。所以，阅读是非常重要的，不仅可以开阔学生视野，还能在一定程度上推动学生写作能力的提高。

（五）引导学生规范跨文化写作格式

在当前的时代下，跨文化交际能力是开展国际交往所必备的能力，所以高校也足够重视学生这方面能力的培养，学生跨文化能力的提高完全可以依托写作教学来实现，在当前的写作教学中，教师应该让学生明确不同的语言的文化要素，并且让他们能按照特定的表达结构进行书写。

当教师在指导学生写作信封文体的作文时，就应该让学生明确一般的写作顺序。

第四节　跨文化交际能力的培养

一、跨文化交际能力培养中需要处理的各种关系

（一）处理好“教”与“学”的关系

教师在开展教学的时候必须明确学生是学习的主体，只有学生习得了相关知识，教师的“教”才是有成效的，所以，必须要摆正教学的位置，让教为学服务。在具体的教学中，教师应该突出学生的中心地位，将学习的主动权交给学生。

对于教师而言，需要发挥好自己的主导作用，比如应该组织好教学活动，在教学的过程中应该及时鼓励学生，在学生遇到困难的时候应该及时指导学生。除此之外，教师还应该读懂学生的心理，逐步帮助学生克服心理障碍，激发出他们学习的主动性与积极性。

（二）注重语言交际能力的培养

在教学的过程中，应该注重语言交际功能的实现。教师应该多鼓励学生用英语表达自己的思想，为了让学生养成好的习惯，教师在开始教学的时候就应该重视语言知识的教学，让学生多进行机械性的训练，只有这样才能强化学生的认知，让他们打下坚实的理论基础。但是需要注意的是，语言学习的最终目的是为了使用，教师还应该让学生将语言知识转化为语言技能。

（三）语言交际能力培养中的交际功能、语言结构、交际文化相结合

教师在培养学生的语言交际能力时需要围绕三个方面展开。分别是语言结构、交际功能以及文化教学，这三个方面是层层递进的关系。

要想掌握某一种语言，学生首先就要掌握语言的结构，不仅包括语法结构，还涵盖语义结构，要想获得语言运用能力，语言结构的掌握是基础。学习语言结构的目的是为了顺利实现交际，那么结构教学的开展密切结合语言的使用功能而展开，教师在教学的时候不能将全部精力放在语言结构的分析上，而是应该为了解决问题。

在教学的时候，教师不仅需要考虑语言结构的系统性，也不能忽视交际功

能系统性的发挥。教师进行文化教学的目的是为了更好地辅助语言交际的顺利达成，不管是话语能力的培养还是社会语言能力的培养，都离不开交际文化教学。在开展文化教学时需要密切结合语言教学，多从交际功能出发探讨影响交际的文化因素。

（四）语言交际能力培养中的语言知识和技能

只有处理好语言知识以及技能之间的关系，才能更好地掌握第二语言。教师在讲述语言技能的时候应该重视语言的相关理论与规则的教学，因为只有学习好了这些内容才能为语言技能的获得打下良好的基础。但是我们需要认识到的是语言技能课教学涵盖的内容是多种多样的，不仅包含各种语言技能的训练，还应该注重语言交际能力的培养，所以教师就应该多进行语言交际能力的训练。

（五）听、说、读、写的关系和口语与书面语的关系

学生要想提高自己的语言交际能力，不仅需要提高自己的基本技能，包括听力、口语、阅读以及写作等方面，除此之外，还应该提高自己的书面表达技能，并且这些方面都是互相联系的。

在不同的学习阶段，学生学习的侧重点是有所不同的。在学习的初级阶段，教师应该注重学生听力以及口语能力的培养，尤其需要突出听力的重要作用，显然，这是符合教学发展规律的，同时，教师也需要抓阅读与写作。在学习的中级阶段，教师应该注重听说读写四项技能的全面培养。在学习的高级阶段，教师就应该将阅读与写作放到重要位置，但是同时也应该注重听说训练。

从语体的角度出发进行分析，在教学的初级阶段是侧重口语教学的，到了中级阶段，教学的侧重点转向了书面语，到了高级阶段，则开始强化书面语训练。

（六）课堂的“内”与“外”的关系

但是语言交际能力的培养并不是一蹴而就的，如果仅仅凭借课堂教学是无法达到期望的培养目标的，所以还需要学生深入实践，通过锻炼逐步提高自己的语用能力。对于学生来说，他们不仅需要重视学校知识的学习，还应该走出校园，积极投身社会实践环节，将理论与实践结合起来，这样才能逐步提高自己的学习能力。

二、跨文化交际能力培养具体策略总结

（一）创新教学目标

学科教学需要在教学目标的指引下开展，通过分析教学目标，我们也能明确教学的具体任务。在进行英语教学时，教师需要将教学目标中着重突出的部分作为教学要点。在分配课时安排以及选择教学方式的时候，都需要考虑教学目标。在英语教学中，培养学生的跨文化交际能力是其中的一个目标，但并不是教学的全部。

在创新教学目标时，应该根据时代需求拓展其范围，将跨文化交际能力的培养纳入其中。一是应该以明晰的方式表达教学目标，只有目标明确了，教学时才可以更有方向感；二是应该具化跨文化交际的各项能力。

通过上面的分析我们可以明确，跨文化交际能力的内涵是非常丰富的，在教学中，教师应该侧重培养学生的跨文化交际能力，从而让他们能够实现顺利交际。

（二）改变教学方法

大学英语教学本身即是跨文化实践活动的一种。很显然，英语教学课堂是两种语言进行转换的课堂，要先顺利实现两种语言的转换，其核心在于采取合适的教学方法，那么要想提高学生的跨文化交际能力，就必须注重教学方法的改善与创新。

在传统的教学模式下，教师教学时多侧重对学生进行语言以及文化知识的灌输，课堂教学的主体是教师，学生则仅仅是被动地接受各种信息，这种教学方法确实在提高学生的语言知识方面非常有效，但是却无法让学生拥有语境选择的能力以及交际者关系判断的能力，所以，教师就应该立足学生跨文化交际能力的培养，逐步革新当前的教学方法。

1. 预设情景

在我国，学生缺乏英语学习场景，他们也无法拥有正确的场景体验，这也是导致当前的大学英语教学难以开展的关键所在。所以，在大学英语教学中，教师就应该着力改善传统的课堂教学方法，多为学生创造一些各种各样的比较真实的交际场景，让学生们能通过角色扮演获得真实的交际体验。

2. 课堂讨论

在不同的交际场景中，所需要的社会文化知识是不同的，为了顺利实现交际，教师就需要提前给学生介绍各种背景文化知识，同时，当学生在具体的场

景中展开交际的时候，教师就需要运用合适的语言技巧，辅助学生顺利完成交际过程，并让交际的氛围能更为融洽。如果仅仅凭借死记硬背，学生是无法掌握所有的语言技巧的，只有让学生掌握语言技能的使用技巧，才能切实让学生能沉浸到具体的场景中。

3. 增加互动

经过学习，学生应该达成在交际中有话可说的最终目标，那么要想让学生能够在具体的交际场景中侃侃而谈，就必须加大他们的训练量。教师可以此为突破口，逐步调整自己的授课模式。在课堂教学中，教师就可以突出学生学习的中心地位，让教学活动变成师生之间的对话或者是同伴间的对话，通过大量的训练，学生会积累大量的词汇以及句子并且也能切实提高自己的表达能力。

4. 文化比较

中国学生的思维方式与西方学生是有差异的，他们在进行跨文化交流时无法避免中式思维对其的影响，他们的行事风格也有浓郁的中国特色，但是，由于中西方文化差异是切实存在的，所以那些在我国被认可的行为却不一定能得到西方人的认可。

所以，在具体的交际过程中，学生就需要有意识地调整自己，让自己跳出固有认知思维的牵绊，只有如此才能在交流的过程中明确对方的意图，从而做出正确的回应。在课堂教学中，教师可以对比中西方的词汇与句式等，找出其中存在的差异，让学生在比较中对中西差异产生更深刻的理解。

除此之外，在当前的时代背景下，学生获取知识的渠道也不仅仅限于大学课堂，教师的授课也因为有了互联网技术的支持而变得更加智能。所以从师生双方的角度出发，当前的教与学都展示出了一定的新意，大学英语教学也必然会以更多的新方法进行。

（三）完善教学内容

语言依托文化而存在，不同的语言所对应的文化系统是有差异的，这二者之间的关系是非常紧密的，那么学生在学习语言的时候也应该重视语言背后文化的学习。对于大学英语教育而言就应该突出文化内容的学习，这也是培养学生跨文化交际能力的必经之路。

当前的英语教学已经取得了一定的成效，并且也逐步引入了一些人文性的内容，但是大部分的教师在教学时依然将授课的重点放在了英语语言知识的传授上，所使用的教学模式也仅仅突出语言知识的学习，文化学习的重要性依然没有得到凸显。在英语教学中，教师尽管会引入一些诸如社交礼仪以及历史文化等内容，但是却没有将其扩充，而仅仅处于单纯的话题讨论阶段，话题背后的文化关联性并没有被学生熟知，这也导致了教学的局限性。

要想顺利实现跨文化交际，交际双方就应有具备一定的社会文化知识，如果没有文化做支撑，那么交际双方就会浮于表面泛泛而谈，甚至会让交际处于无话可说的尴尬境地，更不用说延伸交际话题了，所以教师就应该重视英语文化知识的讲述。

一方面，教师可以立足教材进行文化知识的延伸。在具体的教学中，教师可以抓住一个具体的话题，从这个话题开始往外延伸，让学生能掌握更多的英语文化知识。

另一方面，教师在讲授词汇时也应该将词汇背后的文化意义阐述出来，这样才能让学生知其然也知其所以然，通过词汇文化也是扩展学生文化知识的一个重要途径。与此同时，教师还可以给学生列书单，让他们自主接触文化知识。

第六章　自主学习背景下的英语教学探索

在实现积累知识、提高技能、体验过程、掌握方法、培养情感与价值观的学习目标中，自主、合作、探究是重要且高效的学习方式。由此可见，在实际的英语教学中，自主、合作以及探究学习都有重要的价值和意义。本章首先分析了英语自主学习的理论与实践，接着进一步探索了合作学习在英语教学中的应用，最后研究了大学英语探究学习的相关内容。

第一节　英语自主学习理论与实践

一、自主学习的内涵

总而言之，所谓“自主学习”是相对于“被动学习”“机械学习”和“他主学习”而言的，简单来说，凭借自己的意志而不依赖于他人帮助的有效学习就叫作“自主学习”。“自主学习”是一种综合性能力，其中包含以下几个方面：学习热情；自主进行资料的收集、筛选、整理、记录、分析的能力；独立学习的能力与习惯；一定的探究与实验能力。上文所说的自主学习指的是在一定教学条件之下的学生进行的高质量学习。所有真正能推动学生进行高质量学习的学习方式（如合作学习和探究学习）都是自主学习。但是，现如今“自主学习”还没有形成成熟的模式和经验，它仍需在广大学者进行不断的探究和实验。一般来说，自主学习包含以下两个方面的含义：

1. 学习者的自我约束能力，也就是只有学习者发自内心地对某一事物产生兴趣、好奇以及探索欲望，并能够管控自己不受外界因素打扰时，才能真正地知晓和把握这项事物的客观规律。简而言之就是，学习者必须要自己独立确定学习的目标、方式、所需资料、评价方式等诸多活动，如此才有可能真正掌握学习，不被学习所控制。

教师在教育过程当中，必须要坚持因材施教政策，极力推动学生多方面责任感的提升，让他们更加热情主动的投身到学习之中，加强学生问题的发现、分析以及解决能力。这样的学习模式推动了师生关系的转型，教师由传统的“知识传授者”变成了“协助者”“引导者”，同时，教师在辅助学生学习的时候，自身对于知识的理解也会等到一定提升。

2. 学生的依赖程度以及交互性。自主学习虽然要求学生独立学习，但也不是要学生完全处于一个自我孤立、内心封闭的状态之中。学生在学习的过程之中，也许需要跟环境进行联系，其中包括父母、亲友、同学等，这些环境深刻地影响着学生的学习情况，二者互为依存，且都随着对方的变化而进行调整。对于学校和教师来说，可以利用调整学生学习环境来对学生的学习过程进行干预，使他们的学习与创新能力得到提升。除此之外，学生应当随着学习环境的变化进行自主调控。

由此可见，在学习者的学习过程中，教师既要充分激发其自身的内在动力，又要尽力营造一个良好的外部环境，只有内外动因相互结合，才能促进学习者自主学习能力的提升。

二、英语自主学习的实践

这里以“线上教学”背景下项目教学法在大学英语自主学习中的实践研究为例分析和探讨英语自主学习的实践，便于人们更好地理解英语自主学习。

（一）项目教学法简介

项目教学法主要指以学生为单位，根据学生自己的计划和想法，落实项目并展示产品的教学过程，能够在有计划、全身心、规范的行动中，实现特定的学习目标和项目目的。简而言之，项目教学法是以“学生本位”理念为指导思想，将知识传授转变为若干项目，并通过教师指导与学生方案设计、资料收集、项目讨论而完成项目的教学模式。在项目教学的过程中，教师能够充分培养学生的职业能力和创新精神，能够体现学生在专业学习中的主体地位，可以更好地帮助学生积极地参与到教学活动的不同环节中。而在理论研究的层面上，项目教学的理论基础通常包括实用主义理论、建构主义理论及人本主义理论。其中建构主义是项目教学的核心基础与指导理论。在该理论中，知识的学习是在原有经验和知识的累积下建构起来的，是学生凭借原有的知识结构去顺应和同化新知识的过程。而实用主义认为生活与教育是相互统一的整体，只有将生活与教育相融合，才能让知识在潜移默化的过程中传达给学生，使学生在

“做中学”、在“学中做”，进而从智力和心理等层面，推动学生的健康发展。至于人本主义，关注学生的意图、信念、情感、知觉，强调学生在知识学习中的主动性和主观性，注重激发和调动学生的学习潜能，使学生在学习过程中，实现自我成长、自我反思及自我管理的目的。而在建构要素上，项目教学法主要由“结构”“情景”“活动”“内容”等要素构成。简而言之，在项目教学法的支持下，学生能够从真实的社会情景出发，延伸课堂教学内容，提高英语教学的实效性和有效性。

（二）项目教学法在大学英语自主学习的应用优势

项目教学法的理论基础主要包括建构主义理论、实用主义理论及人本主义理论。其中建构主义与人本主义都比较注重学生的知识、感知、情感、思想及需求，关注学生在学习过程的情感变化与思想变化，能够突出学生在大学英语中的主体地位，注重学生与学生之间的协作、学生与教师之间的沟通。此外，还能够将学生实践能力培养作为教学导向，改变传统大学英语教学的教育生态和培养格局。而将项目教学融入大学英语自主学习中，能够切实解决传统线上教学缺乏自主性的问题，使学生在自主学习中，更积极、更自主地探究知识、发掘知识，拓展知识，积累经验，从而培养学生的自主学习能力、自主探索能力、独立思考能力及创新创造能力。项目教学还能够切实转变传统的线上教学模式，充分发挥网络教学资源的功能，帮助教师将线上教学与课堂教学有机地融合起来。究其原因，项目教学是以统一的项目任务为逻辑主线，教师无论在线上教学还是在线下教学，都能够灵活地渗透相关的英语教学知识。而在理论研究与实践探索阶段，项目教学法还能切实解决传统课堂教学所存在的问题，增进课堂教学与社会发展的内在联系，改变以往重知识传授、轻能力培养的局面，使大学生能够更加积极地参与到各类教学活动和实践活动的过程中。

（三）项目教学法在大学英语自主学习中的应用问题

结合线上教学在大学英语教学中的应用问题和挑战，能够发现在线教学之所以难以切实地发挥功能和作用，最根本的原因在于教师难以激发学生的自主性，无法切实地引导学生投入到网络英语教学的不同环节中。然而影响项目教学法在自主学习中应用的问题还有很多，人们有必要探究和明确这些问题。

1. 如何渗透英语知识

项目教学法以学生小组的协同合作为主，需要教师根据项目内容，渗透相应的语法知识、词汇知识和写作知识。结合传统的项目教学法的应用实践，能够发现，英语教师能够通过课堂教学的方式，落实项目教学的全过程，使项目教学法得到有序地推进。但在线上教学的情景下，大学英语教师如何均衡线上和线下的关系，通过何种形式开展项目教学活动，则成为英语教师应用项目教学法的难点。尤其在学生自主学习中，教师应渗透哪些教学知识、哪些教学理念，直接影响到项目教学法的应用质量与效率。如果继续渗透课堂所传授的英语知识，虽然能够帮助学生更好地巩固基础知识，却影响到学生延伸知识和拓展知识的质量，不利于学生开展自主学习活动。而渗透新知识，则学生学习难度增大，会影响到学生参与自主学习的积极性。在新知识渗透的过程中，容易导致课堂教学知识与自主学习所接受的知识存在内容上的矛盾，即课堂知识无法巩固和支持项目开展中所出现的新知识。

2. 如何介入教师指导

项目教学法中的项目通常来源于企业真实的项目，是契合学生职业发展、岗位发展需求的英语项目，教师应突出学生的主体地位，发挥自身的主导功能，引导学生在规定时间内完成相应的项目。然而在项目开展的过程中，教师如何与学生实现互动沟通、如何引导学生顺利地完成项目目标，则成为英语教师将项目教学法应用在学生自主学习中的基本问题。如果结合传统的项目教学法经验，教师可以结合项目的开展程度，实时地进行辅导，并实现与学生的实时沟通和互动。而在线上教学中，教师却难以全面地了解学生的项目开展程度及其所遇到的问题，只能根据学生的咨询，来确定学生在项目开展中所存在的问题，难以切实地发挥英语教师在项目开展中的主导功能和引导作用。其所渗透的知识，也只能局限在学生所存在的不足和问题的层面上，无法从项目发展的角度，对其进行指导和引导。

3. 如何评价学生成果

在应用项目教学法的过程中，教师需要通过同伴评价、自我评价及教师评价的方式，综合地评价学生的项目成果及学习成果，帮助学生更全面地认识到自身所存在的不足。然而在线上教学的背景下，将项目教学法应用在自主学习中，需要教师重点评价学生的独自学习能力、独立思考能力、独立探究能力及团队协作能力。虽然相关专家及学者曾指出，项目成果能够切实地反映学生的综合能力，但由于项目教学活动是以小组合作的方式来开展的教学模式，传统的评价法难以深入地评价小组成员的学习能力与探究能力。因此，如何评价学生个体的学习成果及能力则成为线上教学背景下项目教学法的应用难点和问题。

（四）项目教学法在大学英语自主学习中的实践策略

1. 项目内容的确定与优化

首先，在项目教学法应用前期，教师应根据学生培养情况、岗位职业要求及时代发展特征和特点，确定相应的项目内容。随后教师将项目内容通过网络教学平台的方式呈现在学生面前。经过学生讨论后选择一个实施。此外，教师也可根据学生的学习情况引导学生自主寻找和筛选项目内容。经过教师评定后，可以决定最终的项目。其次，在项目内容确定后及项目实施前，教师需要根据教学大纲的要求，调整项目内容，使项目内容与教材内容紧密地联系起来，确保项目内容不重复课堂教学的内容，但却拥有较强的拓展性和延伸性。这样学生在开展项目活动时，能够在巩固原有英语知识的前提下，掌握新的知识，切实发挥建构主义理论在大学英语自主学习中的育人功能，使大学生在知识探索与自主学习的过程中，更好地探究和思索新的英语知识。

2. 项目计划的制定与实施

首先，在项目计划制定阶段，教师需要结合学生的个性特征和性格特点，将学生划分为不同的学习小组。并确保小组成员间的英语学习能力、表达能力及独立思考能力相当。随后指导学生根据项目的内容、自身的特点及项目的难易程度，制定具体的实施程序与步骤，明确项目实施的计划目标。其次，在学生优化和完善实施计划后，教师应在远程教育平台或相关教学平台中，设置项目计划录入与查看功能，即将学生在自主学习中的“计划完成情况”，体现在电子表格或计算机程序中，以此方便教师查看项目的完成情况，提高教师开展项目指导工作的质量。在此期间，教师需要引导学生将项目计划完成质量、所遇到的问题及问题解决情况，准确、真实、及时地记录在远程教育平台中。最后，在计划实施的过程中，教师应根据学生的项目完成情况对其进行简略评价，并以阶段性总结的方式，指导学生在后续项目环节中的工作方向和学习重点。但在这个过程中，教师应以知识引导的方式，引导各学习小组，通过线上资源、自主学习的方式，解决自身所存在的问题。

3. 项目评价与检查

“项目评价与检查”的重点不仅要放在项目完成程度和质量上，还应放在学生自主学习的过程中。由于线上教学背景下的项目教学过程与以往的项目教学过程存在明显的区别和差异，更加关注学生独自思考能力、独自探究能力及自主学习能力的提升。因此，在项目评价与检查阶段，英语教师应从项目成果和学生个体的角度出发，综合评价线上教学背景下学生的自主学习能力。首先，教师应通过教师评价、同学评价、自我评价相结合的方式，对各小组的项目成果进行综合性的评价，并以赞扬和鼓励为主的评价形式，引导学生正确看待自身所存在的不足。而在项目评价过程中，应邀请企业专家对项目的商业价值、专业价值及实用价值进行评价。其次，在自主学习能力的评价上，教师应以同伴评价、小组互评及自我评价为主，通过分析学生在项目完成上的贡献程度，来确定学生的成长幅度。随后通过分析学生对学习资源的利用情况、利用频率，来评价学生的独立学习意识和强度。最后，通过结合独立学习意识与项目贡献程度的方式，明确学生的自主学习能力。

在线上教学背景下，教师将项目教学法应用到大学英语自主学习的过程中，拥有较强的实践性和创新性，能够帮助我国英语教师探索出全新的英语教学方向和道路，使线上线下教学得到更充分的融合。然而在教学实践的过程中，大学英语教师需要明确项目教学法与在线教学的理论内涵，明确项目教学法在推进线上教学现代化发展中所拥有的功能和作用，进而从实践问题的角度出发，采取相应策略，提高大学英语教学的质量。

第二节　合作学习在英语教学中的应用

一、合作学习概述

（一）合作学习的基本要素

（1）相互依存性

在学生之间构建起相互依存的关系有利于消除开展合作学习中“搭便车”“小权威”的现象。简而言之，让学生意识到自己与组员之间的相互依存关系：第一，要让学生明白，小组的成败与自身息息相关；第二，小组的成功要靠每一个组员的不懈努力。在小组合作学习当中，相互依存关系的构建是必不可少的，其中这种关系主要体现在：小组目标一致、成员性格能力互补、学习资料与所得奖励共享。

（2）合作的意愿

学生在合作学习的过程中，需要有共同的目标，并有着为一致目标奋斗的意愿，同时，为达目标，小组之中应当形成一些良性竞争。在小组的学习合作之中，组员之间应当提供足够而又有效的帮助，资源共享，相互信任，对组员的观念进行合理质疑，这又更有利于发挥群体的作用。

（3）个体的责任

在小组之中，只有每一位成员都能积极负担起个体责任，小组合作学习才会变得高效有益。个体责任要求每一位组员都必须完成好自己的学习任务，同时，还需要对小组学习的结果负责。教师可以通过对学生学习表现的观察来对学生的个体责任完成程度进行评估，肯定优秀的学生，鞭策稍差的学生。学生在合作学习过程中，只有深刻地认识到个体行为对于小组的影响，知晓个人与集体的依存关系的时候，才会积极投身到学习讨论之中，减少对于他人的依赖。所以，个体责任的树立是合作学习中必不可少的条件之一。

（4）合作的技能

相较于竞争性学习和个体化学习，合作学习中的学生必须要同时参与两种活动，即作业活动（完成课后教师布置的学科知识性作业）和小组活动（以小组合作为基础进行的学习）。这两种学习活动对学生的社交能力有一定的要求，为了达成一致的目的，学生必须学会交流与沟通，在交流与沟通之中学会彼此接纳、相互信任、友好交流，将小组矛盾与冲突的萌芽扼杀在摇篮之中。

（5）积极的自评

在合作学习的过程中，学生应在共同活动完成之后对组内每位成员进行评价，该做法旨在推动小组成员合作学习水平的提高。小组自评之中，评价应当包括以下几个方面：第一，对小组活动进行整体评价，将活动过程中小组所展现出的优点进行归纳总结；第二，阐明小组在活动过程中仍存在问题与不足，进行原因分析后提出有效的改进方式；第三，写出对小组的未来展望。除此之外，在小组自评当中，任何与学习相关的问题都值得谈论。在小组自评当中，学生可以随心所欲的探讨组内关系，这有利于维系组员之间的关系，增强小组凝聚力，同时，学生在得到组员对自己的看法过后，能对自身能力水平有一个更明确清晰的认知，有利于学生自我意识的培养以及合作能力的提升。

（二）合作学习的特征

1. 组内异质，组间同质

合作学习小组是由 4～5 个性别、成绩、性格等方面都具有差异性的学生组成的一种新的结构—功能联合体，教师在分组的时候，尽量保证在小组内能看见整个班级的缩影。因为每一个小组内部都存在一定差异，所以班里的所有小组就形成了一个相对平衡的小组联合体。组内的差异性有利于组内各成员优势互补、互帮互助，同时也有助于帮助大家拓宽看待问题的视角。这样的小组合作学习模式为大家创造一个公平公正、互惠互利的竞争平台。

2. 任务分割，结果整合

在小组合作学习当中，个体对其责任的履行程度对于小组最终成绩的影响极大，因为小组合作会将学习任务拆分成几个不同的部分，且每个人都有自己所负责的方面，所以，倘若在合作过程当中有一个人没有很好地完成自己的任务，那么小组成绩就势必会受到不利影响。同时，在小组合作当中，小组成员之间的任务联系性极强，这使得小组成员中存在极强的依赖性，所以，所有小组成员会组成一个“利益共同体”，在这个体制之下，单单个人的成功说不上是真正的成功，必须要所有小组成员团结一心，携手共进，小组成功才能真正达到自己的目的。相较于过去传统的个人输赢关系，在小组合作学习中，大家迸发出了极强的集体意识，成绩好的同学会尽心尽力的辅导成绩稍弱的同学，而成绩稍弱的同学也会在集体荣誉感和组员的鞭策下努力学习，以此来保证小组成绩不会被自己的成绩“拖累”。这样的学习方式有利于激发学生的学习热情，推动了学习资源的共享。

3. 个人计算成绩，小组合计总分

在小组合作学习的单元检查、测验和竞赛中，不再允许学生依靠组内其他成员的帮助，而是必须依靠自己的力量来独立完成测验，在统计小组总体成绩之前，首先要计算个人成绩。这就要求每个人都必须依靠自己的努力去独立完成学习任务，为小组做出应有的贡献。那些学业较差的学生将在其他同学的帮助和个人努力下争取好的学习结果。

4. 公平竞赛，合理比较

小组合作学习旨在让每一位学生都能拥有成功的机会。在小组合作学习当中，学生在自己与组员的不懈努力之下总会比以前做得更好。为了实现这一目的，教师可以从以下两个方面入手。第一，在合作学习小组内推行“个体提高分”计分制，即统计每一个人相较于上一次测试，最近一次测试所提高的成绩。这样的计分方式可以保证组内成员无论成绩好坏都有成功的机会，在这个计分制的激励下，学生也会不断努力以保证自己下次能取得更好的成绩。第二，实行分层考试政策，将成绩好的学生分在一起考试，成绩稍差的学生分在一起考试。

二、合作学习在英语教学中的具体应用分析

（一）合作学习在英语听说教学中的应用

听说教学是大学英语教学的一项主要内容，同时也是英语课堂上必不可少的活动。无论是“听”还是“说”，都需要至少两个人才能够完成，所以在英

语听说教学中应用合作学习策略是最为合适的。英语听说的教学目标，是要让学生既能够有效听懂别人所说英语的意思，又能够自己利用英语准确表达心中的观点。事实上，在传统的大学英语听说教学中，教师往往是采用“一言堂”的教学形式，即无论“听”还是“说”都是教师在做，而学生只是沉默地围观，或者偶尔集体跟着教师念一念单词、语句。这种教学形式，无疑是非常枯燥的，整堂课就如同一条流水线，教师讲得形式化、机械化，学生听得也兴致索然，学习效率很低。而若将合作学习策略应用于大学英语听说教学中，使学生分小组互相说、互相听，则能够有效改善传统教学的缺陷。在具体的教学中，可以先由教师给学生朗读一个句子或者一段文章，然后让学生分组讨论，将教师所朗读的内容复述出来。一个人可能记忆有限，但一组人共同记忆则会事半功倍，并且由于小组当中每个成员的基础水平与性格特长各不相同，由英语基础较好的学生带领基础较差的学生、性格活泼的学生带动性格内向的学生，共同来完成复述任务，可以提高每个学生的参与度和参与效果。

（二）合作学习在英语阅读教学中的应用

英语阅读是大学英语中的一项重点也是难点内容，很多大学生之所以英语成绩较差，其根本原因就在于英语阅读水平较差。若想提高英语阅读水平，首先必须要提高英语词汇储备量，其次要提高对英语语法的认真和理解水平，能够透彻地分析清楚句型并理解其意。但在传统的大学英语阅读教学当中，教师往往是采用教师给学生进行阅读翻译、学生一边听讲一边做笔记的教学模式，这极大地忽视了学生的课堂主体地位，使学生的学习活动变得十分被动。而若采取合作学习策略，让学生通过小组分工合作来做阅读理解和翻译的话，则能够有效突出学生的主体地位，发挥出学生的主观能动性，从而提高学生的学习效率。在具体的教学中，教师可以先给学生布置一篇阅读理解的文章，然后让学生分组完成文章的翻译任务；而在小组内，每个成员们则各自选取文章中的一段作为个人的翻译任务，等每个人都翻译完毕后，再通过共同商讨将各个段落串联起来，最终完成整篇文章的翻译任务。在分配每个小组成员的任务时，教师可以根据每个学生不同的英语基础来进行合理分配，例如英语基础较好的学生负责翻译较难和较长的段落，英语基础较差的学生负责翻译较简单和较短的段落，而在最终串联每个段落时则由基础较好的学生帮助基础较差的学生纠正一些错误，同时基础较差的学生也可以提出自己的疑问和看法，这样通过互相学习交流，共同实现进步。

（三）合作学习在英语写作教学中的应用

英语写作能力是最能体现学生英语水平的一项能力，因为它既考验学生的英语词汇量，又考验学生的英语语法水平和英语理解力。在以往的大学英语写作教学中，教师往往是给学生布置一篇写作任务，让学生独立完成作业，然后由教师一篇篇给学生打分，再找出其中的优秀作文在课上展示给其他学生。这种教学方法虽然具有一定的优势，例如其能够实打实训练学生的写作能力，但同时也存在着单一、枯燥的缺点，不易激发学生的写作兴趣。而若偶尔采用合作学习策略来开展英语写作教学，让学生分小组共同完成一篇写作任务，则有时会取得意想不到的效果。每个小组之间是竞争关系，而组内成员则是合作关系，学生为了可以让自己小组获得较高的名次，会一起集思广益进行遣词造句，每个人都贡献出自己的力量，最终经过讨论形成一致的观点，对文章做出最优化的修改。例如，教师布置以“绿色校园”为题写一篇英语作文，让学生分组讨论完成任务，要求每个小组对“绿色校园”的概念和如何“绿色校园的”等问题进行激烈的讨论，确定了具体的写作内容，然后又在组内分别分配了开头、中间、结尾等几部分的写作人，最后又共同将三部分连接起来加以润色，最终每个小组都交出了较为优秀的答卷。这种方式，不但能够有效激发学生的英语写作兴趣，同时还能够充分挖掘出学生在英语写作方面的潜能。

三、合作学习在英语教学中的应用策略

（一）创设教学情境

英语具有较强的实用性，学习英语最重要的是使学生加强新旧语言知识的有效交替，加强理论知识与实践能力的有效融合，所以教师应当引导学生积极参与和总结，切实做到授人以渔。在英语教学过程中教师应当创设一定的教学情境，使学生能够学以致用。教师应当创设疑难情境，可以引导学生自主发现问题与思考问题，激发学生的认知水平，有助于提高英语教学质量。教师也可以应用多媒体等各项技术辅助教学，巧妙的设置文字与图片、音频等多元化方式，向学生展示学生熟悉的名人或明星的体态与特征，引导学生用英语表达对放映人物的印象，同时教师给予有效的引导和提示，有助于营造轻松愉悦的教学氛围，进一步提高整体教学质量。

（二）重视学生主体地位

开展大学英语教学，教师应当重视学生的课堂主体地位，给予学生展示自

我能力的空间与时间，但是教师也应当充分发挥自身的引导与组织作用，选用多元化方式对学生进行科学合理的引导，才能够促进师生共同发展与进步。在新课程改革背景下开展合作学习，教师应当关注学生间的合作，其中更应重视的是师生间进行默契配合，只有这样才能够有效达到教学双赢。例如，教师在教学前可以让学生做一个 spoken English，内容形式要多元化，教师应当对学生的表现情况进行肯定和表扬，这有助于树立学生的英语学习信心，激发学生的英语学习热情。在此过程中，教师应当观察学生的学习状态以及学生在回答问题时的表现情况，能够采用因人而异的教学模式。在小组探讨过程中必须确保组员科学合理，同时予以一定的指导和帮助，避免制定与分配的任务缺乏合理性思考与科学规划。通过教师科学合理的引导与点拨，有助于提高学生的英语学习效率，进一步促进合作教学模式的有效开展。

（三）加强在课堂内和课堂外的实践

1. 加强在课堂内的实践

在英语教学过程中，教师应当有效把握好有限的课堂时间，将合作学习的活动与主题告诉学生，使学生做好课前准备工作。合作学习主要是课内实践展示成果。成果展示不只是学生互相学习相互了解的重要机会，也是教师了解学生近阶段学习情况，进行适当的干预和评价、纠正学生讨论错误的最佳时机，所以在此过程中应当确保成果展示形式丰富多元，可以是角色表演也可以是辩论赛等形式，可以复述难度较高的文章，也可以进行简单易行的即兴对话。在此过程中，以小组为单位进行小组对抗赛但是教师应当在不同小组内走动，观察学习学生的小组讨论情况，有必要时进行有效的引导和帮助引导小组进行互相提问，探求答案。再根据小组的表现情况进行简单综合的评价，教师才能够了解学生近阶段的英语学习情况，发现学生英语学习过程中存在的具体问题，学生也能够在栩栩如生的情境中运用英语与其他同学沟通交流感受到英语交流的感觉。

2. 加强在课堂外的实践

合作学习不只在课堂内，在课堂外也应当有效进行。由于课堂时间是有限的，教师应当逐步培养学生的课堂后合作学习习惯。由于当前大学英语教材中缺乏口语教材，教师可以准备表达地道且具有一定英语语言难度、符合学生认知规律的生活化场景，为学生提供语言输入，使学生模仿和改造。例如，《当代英语交际指南》具有较强的实用性，该书籍覆盖范围广，着眼于英语语言交际，包括了学生日常生活的众多方面，并且选用了多元表达方法，通过例句引导学生参考，使学生重视的不同场合与英语用语的差距。仅凭课堂时间学习是远远不足的，教师可以鼓励学生每天或者是每周选取固定的时间进行小组口头练习，在练习的初级阶段可以要求学生背诵一定量的优秀片段或者是常用句型，在口语练习中双方轮流交给对方一定数量的词汇或者是地道的优美语句。采用小组对话交流的方式，加深学生对于词汇和句型的理解，也能够提高英语语言表达能力，在此过程中有新知识涌入，学生的大脑存储量也会逐渐丰富，在日后的英语学习过程中便会更加灵活多元。

（四）合理设计课堂活动

在英语课堂上，合作学习的活动不宜开展过多，一堂课内一至两次即可。英语课堂活动应将教师讲解、学生独立思考与小组合作学习三种形式相结合。教师应着重于对难点的解惑和重点内容的强调；再给予学生独立思考问题和消化知识的时间；最后再进行不少于五分钟的小组合作学习。这样学生才能在理解了英语授课内容的基础上发表自己的见解，也更容易听懂小组其他成员的想法，并给出相应的反馈。

（五）合作形式多样化

合作学习形式应不拘泥于一种方法。也就是说，分组名单可以不固定，每组的人数也可以根据合作学习任务的特点进行调整。例如，日常话题讨论（2~4 人一组），练习口语对话（2 人一组），小组辩论（4~5 人一组），小组汇报（5~6 人一组）。这样可以让学生体验与不同的学生合作，这能够带给学生新奇感，增加英语课堂的趣味性，有助于增进学生之间的感情，培养集体意识与责任感，同时不断锻炼提升学生的听说能力。

（六）建立任务负责制和轮流制

在英语合作学习活动中，最常见的问题之一是积极活跃的学生总是愿意主动表达和分享，而懒散或内向的学生则不参与或敷衍了事。为了解决这样的情况，教师可以建立任务负责制和轮流制。任务负责制就是指教师在布置小组任务时可以明确地将任务分解成几个步骤，编上序号，再给每个小组的成员编号，这样每一位组员都直接对应了一项任务，这就促使每一位成员都必须加入合作学习，才能完成自己负责的任务。轮流制就是指小组学习过程中，每人扮演的角色不固定。比如组长、发言代表、搜集资料、制作幻灯片、外出采访等角色，每次都可以由不同的人来担任，这样可以让学生体验不同的角色，也能让相对不够积极的学生充分地融入英语小组活动当中。

（七）制定合理的评价体系

在实际的英语教学过程中，如果教师没有及时对合作学习的效果进行评价和反馈，会导致使学生失去对合作学习模式的信任与热情。因此，每次开展合作学习之后，教师都应该及时地给出评价和反馈，还应适当与平时成绩挂钩，这样能更有效地激励学生参与，并且使学生从中获得更大的成就感。

第三节 大学英语探究学习

一、探究学习概述

（一）探究学习的定义

20 世纪 50 年代，美国教育学家施瓦布（Schwab）提出了探究学习的理念。他认为，探究学习是指儿童通过自主地参与学习活动而获得知识的过程，从而掌握研究自然所必需的探究能力①。徐学福则认为，探究学习是学生在教师的指导下，为获得科学素养，以类似科学研究的方式所展开的学习活动②。张秀娟认为："探究性学习是指学生在教师指导下，从自然、社会和生活中选择和确定专题进行研究，并在研究过程中，主动地获取知识、应用知识、解决问题的学习活动。它已成为高等教育的有效补充和延伸，体现出指导与自主、基础与研究、分科与综合、理论与实践、校内外、课内外等的有机结合和兼顾。"③ 综上所述，探究学习是学生在教师的指导下进行的主动学习和积极探索的过程。

（二）探究学习的特征

1. 主体性

在具体的探究学习中，教师会给予学生更多的自主性，学生也可以充分地发挥自身的主观能动性，这样学生就可以充分地开动大脑进行积极的思考等，

① 徐雪元. 大学英语教学改革实践［M］. 长春：吉林出版集团股份有限公司，2020：70.
② 刘友春. 外语教学与二语习得的关系研究［M］. 延吉：延边大学出版社，2018：171.
③ 于辉. 当代大学英语教学改革多元化趋势研究［M］. 长春：吉林大学出版社，2018：46.

并且营造一种良好的学习环境和学习氛围。在探究学习中，学生的主体性得到显著的提升，学生可以按照自己的兴趣、思路地探究一定的话题和主题等，从而在探究的过程中复习和运用已经习得的知识等，并且在探究的过程中学习并习得新的知识。众所周知，在我国传统的教学模式中，教师具有权威的地位，他们控制着教学的节奏以及进度等，然而在探究学习中，学生可以自主地控制自身的学习节奏以及进度等，这样就会增强学生的主人翁意识，也能够激发学生的学习动力。

2 问题性

在学习的过程中，学生总是会遇到很多问题，这也是学习活动开展的重要前提。探究学习的另一个显著的特点就是问题性。在探究学习中，学生总是会带着很多问题开展探究活动，并且在这个过程中查阅大量的资料，学习大量的知识，从而试图分析和解决问题。实际上这个过程十分有趣，能够在极端的时间内吸引学生的注意力，并且牢牢地抓住学生的好奇心，从而促使学生不断地考究和探究。

二、大学生英语探究学习能力的培养策略

加强对学生探究学习能力的科学培养是有效落实素质教育的重要体现。对此，教师应真正突破传统授课理念与模式的种种局限，真正让学生掌握课堂学习主动权，摆脱以往被动、机械的学习状态，要尽可能多地为学生提供独立思考探究学习的机会，为其探究能力的形成发展创造良好条件。这样既有助于学生英语综合学习、应用能力的进一步提升，也能够获得更理想的教育培养成果，将学生各方面潜能充分挖掘发挥出来。

（一）教师认真钻研教材，做好各项备课工作

首先，要重视和谐师生关系的构建。特别是对于学生来讲，在英语课堂上，教师应从不同角度来挖掘学生各方面潜能优势，真正营造出轻松、和谐的学习氛围，在激发学生学习、参与积极性的同时，也能够促使更多学生对教师产生尊重与信任，从而积极主动地配合教师开展各项教学活动。其次，加强对教材内容的深入钻研，认真备课。课堂教学效果的高低会受到教师教材内容处理水平的直接影响。因此，为了将英语课上得更加生动、有趣，学生理解、掌握起来更加容易，教师应重视、落实好各项备课工作，重视多样化教学方法、手段的熟练掌握。最后，为了促使更多学生真正爱上英语学习，进一步拓展学生的探究学习能力，其教师应积极引用富有感染力与资深情感的教学语言。

（二）激发学生学习信心，增强其探究学习积极性

不论对于哪一阶段、哪一层次的学生来讲，其都有被认可、取得成功的渴望。且在取得成功之后，情绪也会随之更加高涨、喜悦，同时也是充满自信心的，但是若频频地面对失败，也极易陷入情绪低落状态，给学生自尊心、自信心带来不利影响。对于学生来讲，在英语学习中，很多时候非智力因素带来的影响要比智力更高。对此，在实际授课中，教师应积极鼓励学生参与各项探究学习活动，这样既有助于学生学习自信心的激发，也能够帮助学生积累更丰富的学习体验。在此背景下，教师应结合不同层次学生的设计情况来优化教学设计，以此来确保每个层次的学生都能够在原有基础上得到进一步提升。

例如，在课堂提问设置过程中，对于优等生，教师可以提出一些较为复杂的问题，而对于中等生则要提出难度适中的问题，面对学困生要着重体现出对基础知识的考查。对于刚刚接触英语学习的学生来讲，教师应结合具体情况合理控制问题难易程度。学生需要对学习方法、进度做出恰当的调整，并慢慢跟上教师教学节奏，避免过多地不适应给学生的英语探究学习带来诸多阻碍，尽可能降低学生出现消极情绪的概率。针对学生提出的问题，教师应给予及时、准确的解答，同时对于学生的回答也要做出及时反馈，或者是从不同角度来启发学生加强探究学习，以此来实现对所学知识的轻松、高效掌握。

同时，针对出现问题的学生，教师不能盲目给予否定，而是要基于学生探究思维存在合理的角度来为学生提供恰当提示，帮助学生找到正确、合理的探究学习方向。特别是针对一些有创新思想的学生，要给予及时、恰当的鼓励与认可，引导更多学生全身心参与到创新探究活动当中。

此外，教师要准确把握契机，为学生提供恰当、及时的表扬鼓励。很多教师在实际授课中都认为对学生鼓励、表扬是多余的，学生理应做好，只有在做不好的时候才需要指出改正。然而教师应课堂上为学生提供积极回应，或者是正面评价，引导学生从不同角度来发现自身优势特点，充分感受到教师给自己的重视、信任，并积极主动地配合教师开展各项教学活动。在课堂上，教师可以灵活引用口头语言来为学生提供表扬鼓励。针对能够快速、准确回答问题的学生，教师应灵活引用“Very good、You’re very clever”来对学生做出表扬。或者是在学生结束发言之后，教师带领其他同学给予掌声鼓励，学生在听到这些认可、鼓励的声音之后，不仅会产生强烈探究学习欲望，其英语思维也能够得到进一步拓展。特别是针对后进生来讲，教师应充分利用课下时间来为学生提供关心、鼓励，即使是有一点进步，也要让学生感受到教师、同学等方面给予的认可。

（三）基于多样化教学方式来拓展学生探究学习思维

在以往的英语课堂上，大多数教师都习惯在讲台上，利用教材按部就班地开展各项教学活动，在黑板上写下各个知识点让学生记录掌握，然后进行作业布置。这一固定、单一的教学模式，不仅不利于学生学习、参与积极性的调动，导致其一直处于被动、机械的学习状态，语言交际能力难以得到进一步提升。因此，在新课改背景下，教师应结合实际授课内容，积极引导学生引用灵活、多样化的教学方式，因此来帮助学生不断拓展认知视野，优化、拓展学生的探究思维。通过丰富多样教学活动的灵活组织，既可以吸引更多学生全身心参与其中，也能够让其真正获得学习主动权。例如，在小组合作学习中，学生能够相互共享学习资源，不断拓展探究学习能力，真正做到集思广益；而通过辩论大赛、演讲，以及英语朗读小组的组建等课外活动的开展，学生也能够获得更多独立思考、自主探究学习的机会；通过英文歌曲学唱、角色表演等教学情境的恰当创设，能够促进学生英语学习兴趣、探究学习能力的全面增强。此外，通过多媒体技术等新颖、先进教学手段的领会引用，可以为学生构建出更逼真的语言环境，真正做到视听同步、生动直观，为学生英语综合学习、应用能力的进一步提升创造良好条件。

学生若给出了准确、巧妙回答，教师则要给予直接、恰当的认可与鼓励，但若是回答存在语法等方面的错误，教师要选择合适的方式对学生做出及时纠正。此外，教师还可以鼓励对文章内容感兴趣的学生，通过不同路径来进行相关资料的搜集，以此来促使其加强自主探究学习。

总之，英语教师在组织学生精心设计各项教学活动过程中应充分认识到，加强学生探究学习能力的科学培养，既可以让学生真正掌握课堂学习主动权，在学习探究中积累更新颖、丰富的知识内容与经验，也能够为各阶段教育培养目标的有效落实创造良好条件。因此，为了让学生能够在今后的学习成长中独立获取丰富知识信息，促进其英语综合素质的全面发展，其教师应积极探究科学有效的探究能力培养策略。

第七章　新媒体环境下的英语教学探索

对于高校的英语教师而言，他们在实际的教学中引入新媒体的教学手段，不仅可以激发学生的学习兴趣，给学生带来新鲜的感觉，同时也能够大幅度地提升教学的时效性，使教师的英语教学内容变得更加直观、形象，易于学生的理解和掌握。因而我们可以说，在新的时代发展背景下，新媒体英语教学是一种相对比较新颖的教学形式，会成为一种新的英语教学趋势。所以，本章将重点从微课、慕课平台、翻转课堂以及微信四个方面入手，探究大学英语教学方式。

第一节　微课在英语教学中的运用研究

一、微课的理论概述

（一）微课的定义

2008 年，美国的戴维・彭罗斯（David Penrose）首次提出“微课程”（Micro lecture）的概念和微课程建设的五个步骤。国内学者们对微课的界定见仁见智，尚无统一定论。国内率先提出“微课”概念的胡铁生认为：“作为一种新型教学资源，微课以教学视频为主要载体，反映教师在课堂教学过程中针对某个知识点或教学环节而开展教与学活动的各种教学资源有机组合，其核心内容是课堂教学视频，同时还包含教学支持资源如教学设计、素材课件、教学反思、练习测试、学生反馈、教师点评等。”① 黎加厚认为：“微课程是指时间

① 胡铁生．“微课”：区域教育信息资源发展的新趋势［J］．电化教育研究，2011（10）．

在10分钟以内，有明确的教学目标，内容短小，集中说明一个问题的小课程。”[①] 文秋芳教授在北京举办的“微课在外语教学中的应用：理念、原则与设计”研修班中曾提到，微课是为了提高教和学的效率，教师就某个知识点或某种微技能开展的一般不超过10分钟、能够自成一体的教学活动。鉴于完整的教学需要讨论、练习、作业等环节，所以微课不是完整的教学而只是教学的某个部分或一种资源。[②] 我国传统的英语教学方式存在很多弊端，因而微课的运用就可以在一定的程度上丰富传统英语教学的手段，同时使教学的形式变得更加灵活，这能够大大地增强学生的体验感，同时激发出学生的英语学习热情。

（二）微课的特点

1. 微课的“微”性

在现代化的信息技术时代，各种先进的信息技术给人们的生活、工作以及学生都带来了较大的影响。例如，在快速发展信息技术的辅助下，人们也进入了一个新的发展阶段，那就是“微时代”，即很多微时代的产物已经融入了人们生活的各个环节之中，并产生相应的影响。可以说，现代人的生活几乎都离不开微信、微博、微电影等，这些都深刻地影响着大众。同样地，微课也具有“微”的特点，它也对每个学生产生了比较大的影响，其不仅影响着英语教师的教学方式，同时也影响着很多学生的学习方式。通常情况下，在学校的课堂教学中，学校一般会把教学的时间控制在40分钟到45分钟之间，然而微课的时间一般都相对比较短，微课的制作者会把微课的时间控制在10分钟以内，这样学生就更加容易集中注意力学习微课的知识。众所周知，学生的注意力会受到很多因素的影响，在较短的时间内，学生可以更加集中注意力，这样也能够提升学习的质量。此外，在现代社会中，很多大学生都乐于做一定的兼职工作，这样他们不仅能够积极融入社会，同时可以获得一定的劳动报酬，这对于学生而言是一种很不错的实践机会。这也就需要学生适当地调整自身的学习策略，充分地利用微课来开展英语的碎片化学习，从而使学生可以更加高效地运用碎片化的时间学习英语，提升英语的学习质量，这也充分地体现了微课的“微”特征。

在微课的内容上，它也体现出了“微”性十足。微课要在短短的十分钟

① 黎加厚. 微课的含义与发展［J］. 中小学信息技术教育，2013（4）.

② 殷波，薛苏秦. “微课”实践中亟待厘清的四个基本问题［J］. 中国医学教育技术，2013，27（5）.

内围绕一个主题展开教学活动，这就要求这个主题必须是围绕一个学科小知识点（重点难点疑点）或者是一个简单的教学环节。因此，微课既要体现其“微”，更要注重其“精”。内容要精炼，主题要突出，目标要明确。

2. 微课的趣味性

微课的制作者在制作微课时通常都是以视频作为主要的表现的形式，这种视频的形式具有很多的优势，具体表现在：微课视频更加生动有趣，它能够带给学生集声音、画面以及文字等于一体的体验，能够快速地吸引学生的注意力，激发学生的强烈学习兴趣。此外，微课的时长一般都相对比较短，因而制作者往往会选择一定的情境来完成微课的主题内容，因此，这种情境式、可视性的教学模式不仅增加了内容的丰富性、趣味性，而且能够让学习者更容易理解与接受，从而提高对微课的兴趣。

3. 微课教学的方便性

众所周知，微课主要是以视频作为主要的载体进行传播和使用，它的录制时间也比较短，内容都是重要的知识点，因而学校的英语教师就可以充分地利用互联网平台来传播微课，这也为教学提供了极大的便利。换句话说，只要满足网络连接的条件，教师和学生就可以利用微课开展教学活动和学习活动，而不必受到时间以及地点等因素的限制。例如，在学校的图书馆、宿舍等环境中，只要有网络覆盖，学生就可以利用自己的笔记本电脑、智能手机等学习英语微课，从而随时随地掌握英语重要的知识点，并且高效地和教师以及其他学生进行沟通和互动。

二、微课在大学英语教学中的作用

高校大学英语教学改革一直以来都在强调要将多媒体信息技术的发展运用到教学改革中。在这种背景下，微课应运而生，并且在英语教学中获得了广泛的应用。高校的英语教师在英语教学中应用微课的优势十分突出：第一，在英语的课堂教学中，英语教师可以运用微课来阐述抽象且难以理解的知识点，从而使微课资源变为重要的课堂辅助教学资源。第二，在英语的课外学习中，学生可以利用微课高效地开展自主学习，把其作为十分重要的自主学习资源，这对于学生自主学习能力的提升也具有重要的意义。

（一）微课是大学英语课堂教学的有效辅助手段

目前，我国高校英语教学的现实情况是：我国的高校经历了扩招之后造成的就是学生的数量快速变多，然而教师的数量和质量、教学硬件设施等都和学生的数量不匹配。换句话说，我国很多高校的英语教学中出现了班级学生数量多、教师的英语教学任务艰巨、英语的课时安排较少等问题，这些都会严重地降低英语教学的质量。在大班额的情况下，师生之间的互动也十分有限，这也难以激发起每个学生的英语学习兴趣。在这种背景下，英语教师把微课引入教学中就可以显著地提升学生的兴趣，那是因为微课主要就是以视频的形式来展示英语教学的内容，这种形式可以集声音、画面等元素于一体，它可以在极短的时间内高效地吸引学生的注意力，因而学生更加乐于这种形式的教学。需要强调的是，英语教师在使用微课时一定要处理好微课和传统课堂教学之间的关系，即微课是传统课堂教学的有力补充，是一种高效的英语教学辅助方式。相对于 40 或 45 分钟的一节课而言，时长 5~10 分钟的微课教学的插入恰到好处地辅助了课堂教学。

通常情况下，微课的教学时间比较短，而且其教学内容具有较强的针对性和主题性，这样就便于学生在有限的时间内牢固地理解和掌握相关的英语知识点。微课的教学设计具有情境教学特点，能够帮助教师进行更加生动形象的讲授，能将枯燥的课堂活跃起来。在大学英语的课堂教学中，微课不仅可以为教师在课堂上展示所用，此外它还可以给大学生的英语学习提供很多便捷，大学生还可以充分地利用手中的移动设备进行微课的学习，这也可以促使大学生更好地利用手中的移动设备。众所周知，一直以来，高校的教师都不允许大学生在课堂中使用手机，因为很多大学生会使用手机做很多和学习没有关系的事情，因而这种行为在课堂中是不被允许的。然而新的时代发展背景下，高校的英语教师可以允许大学生在课堂中使用手机学习微课视频，这也能够很好地引导学生科学合理地运用手机。

（二）微课为学生课外自主学习提供了丰富的资源

学习任何一门语言，都不可能单纯靠课堂上的学习来完成。一名好的大学英语教师应该能够将教师课内“教”与学生课外“学”有效地结合。

这也对高校的英语教师提出了较高的要求，即高校的英语教师不仅要重视课堂英语教学的质量，还要充分地引导学生积极地开展课外的英语学习活动，从而使每个学生都可以养成自主、高效地学习英语的好习惯。通常情况下，微课的制作者会把一个系统的知识分解成若干个知识点，然后以视频的形式把这些知识点呈现出来，这也为大学生的英语自主学习提供了很多学习的素材以及资源。在我国传统的英语课堂教学中，教师每一节英语课都需要面对很多很多学生，因而教师几乎不可能根据学生的特点和需求因材施教，这十分不利于英语基础比较差的学生，这也会导致这部分学生难以跟得上教师的授课进程。事实上，高校的英语教师把微课应用于英语教学中可以很好地弥补上述问题。对于学生而言，学生可以在课下根据自身的英语学习情况，从而根据微课资源开展自主学习，这样学生的学习就具有较强的灵活性，这也能够激发学生学习的积极性。学生利用微课开展英语学习只需要满足如下两个条件，其一就是有网络覆盖，其二就使要有电脑或手机等移动设备。目前，大多数的大学生都可以满足上述条件，从而很好地英语教学中运用微课资源。

（三）微课推动建立新型的教学关系

在我国传统的英语教学模式中，英语教师在课堂中具有权威的地位，她们在课堂中掌握着英语课堂的节奏以及步骤，而课堂中的学生只能被动地接受和学习英语加试传递的专业英语知识。在这样的学习过程中，学生极少会积极主动地思考一些英语相关的问题，他们也很少在课堂中有机会运用英语和教师以及其他学生进行交流。可见，在我国传统的英语教学模式中，学生的主体地位被忽视，没有得到极强和巩固。然而在微课应用于英语教学中，教师的角色和地位都发生了一定的转变，教师不再仅仅是权威的教育者，教师还是学生英语自主学习的引领者。教师在具体的英语教学中不仅会为学生提供丰富的微课视频资源，同时还会为学生提供及时的帮助，使学生可以开展深入的研究和探索。很明显，这种新颖的教学模式可以在一定的程度上拉近教师和学生之间的距离，从而推动并且建立新的师生关系。

三、微课在大学英语教学中的应用

（一）课堂教学

众所周知，微课主要就是以视频为主要的使用形式，因而其使用起来比较方便。在高校实际的英语课堂教学中，教师可以在很多个英语课堂环节之中运用微课，如在课堂导入的初始环节之中教师可以运用微课进行课堂导入，这种视频的形式更加能够吸引学生的注意力，激发学生的英语学习兴趣。又如英语教师可以在讲解英语难点的环节中运用微课，英语中有很多难点的知识，这时教师运用微课就可以帮助学生更快地理解难点知识，从而为其进一步学习奠定坚实的理论基础，否则就会影响学生进一步的学习。

在英语课堂教学实践中，英语教师运用微课资源时也需要着重注意以下几个方面的问题：第一，英语教师在课堂中运用微课一定要把微课和传统课堂教学很好地融合和衔接起来，这样才能够发挥其效果，不会使课堂教学变得很突兀；第二，微课视频的制作内容要紧紧地围绕学生的需求进行制作，要凸显学生的学习主体地位；第三，英语教师在课堂中运用微课资源时还需要提出一些相关的问题或者话题等引发学生思考，从而帮助学生更加深入地理解微课视频资源中的内容等；第四，英语这门语言的学习是一个长期且复杂的过程，这就要求英语教师一定要合理地运用微课资源来拓宽每个大学生的视野，使大学生能够在深入理解的基础之上扎实地掌握所学的英语理论知识。

（二）提升学生自主学习能力

我们通过和传统的英语课堂教学进行对比可以发现，微课的时间往往都会比较短，而且一般情况下，微课都会按照一定的主题进行制作和保存，这样也便于使用者的查找和使用。需要强调的是，微课的时间一般都比较短，大约为十分钟左右，这样便于学习者高度集中注意力学习，这也与学生的学习规律相符合。此外，微课视频还具有很多实用的功能，这样学生在使用微课进行学习时就可以更加有针对性，这也可以为学生节省很多时间。例如，微课视频具有暂停播放以及回放已经播放过学习内容的功能，这样就便于学生根据自己的实际情况来学习知识。对于学习能够稍微差点的学生而言，当他们学习完微课的视频内容之后，他们还可以继续回放重新学习，这可以帮助这部分学生更好地理解英语知识，同时增强这部分学生的学习自信心。

通过分析可知，微课可以为学生的英语自主学习提供必要的条件，从而辅助学生开展英语的自主学习，这种学习方式也能够凸显学生的个性，使不同个性的学生都可以获得个性化的发展。微课视频的优点十分多，如时间短、内容紧凑且具有趣味性、移动化等特点，这样学生利用微课资源开展英语学习时就可以突破时间以及空间的限制，不断提升英语的学习效率。需要强调的是，教师把微课资源应用到英语教学中对英语教师的各方面素质提出了很高的要求，即英语教师不仅需要熟练地掌握微课的制作技巧以及各种视频剪辑技巧等，英语教师还需要整合各种有用的英语信息资源，从而为学生制作出水准和质量更好优质的微课视频资源。总之，英语教师也要不断学习和练习，从而更好地在英语教学中应用微课。

（三）提升教师专业素质

微课的制作者主要还是高校各个学科的任课教师，因而这也对高校的教师提出了非常高的要求。这是因为微课的制作并不是一个十分简单的过程，微课往往具有很强的针对性，内容十分精简，因而高校的英语教师在制作微课时不仅要掌握必要的微课制作技巧和软件，同时还能够准确地把握英语教学的重点、难点以及层次等，这样其才可以更加合理地制作微课视频。换句话说，微课的制作和使用可以有效地提升每个英语教师的专业素质，其具体表现在如下几个方面：第一，在具体应用微课的过程中教师需要不断反思自己的教学行为以及策略等，从而找出问题、分析问题并且解决已经出现的问题，这个过程也会在一定的程度上提升英语教师的专业技能，这样教师才能够更加游刃有余地应用微课资源；第二，在制作微课的过程中，英语教师需要具备较强的信息技术能力，如视频剪辑能力等，这样他们才可以更好地利用现代化的信息技术手段来制作微课视频。这样的操作也会不断地提升各个英语教师的信息技术能力。

微课是近年来逐渐兴起并且被广大师生接受的教学手段，由于优点十分突出，因而其被越来越多的教师和学生真实地应用到英语课堂教里面，并且产生了一定的积极教学效果。微课资源的优点很多，而且便于复制和传播，这样很多大学生就可以充分地利用碎片化的时间学习和巩固一些重要的英语知识点等，这对于大学生而言具有重要的意义。目前很多大学生都会把自己的碎片化时间用来刷短视频，这样大学生就会在不知不觉中浪费很多时间。如果大学生能够把这些碎片化的时间用于学习微课视频资源，这样他们坚持下来也会学习到很多重要的英语知识。

第二节　基于慕课平台的大学英语教学研究

近年来，慕课兴起并且被很多学习者使用，可见慕课的发展也满足了时代的发展需求。在实际的英语教学中，慕课也会对英语教学的方式以及效果等产生较大的影响。

一、慕课平台的内涵和特征

（一）慕课平台的内涵

众所周知，慕课对应的英文缩写就是 MOOC，这个英文缩写所对应的英文字母就是“Massive Open Online Course”，这其中 Massive 的意思就是“大规模”，这代表了参加慕课学习的学生人数非常多；Open 的意思就是开放共享，也就是说，慕课具有较强的开放性，它对全世界范围内的学习者都是开放的，而且学习者是可以免费进行注册，并且获得一定量的学习资源；Online 的意思就是“在线学习”，这主要是指学生通过网络来实现慕课的学习，学生的学习和网络联系十分紧密；Courses 的意思就是课程，即学生学习的主要课程。由此可见，慕课对应的意思就是大规模在线开放课程。目前，慕课发展十分迅速，比较知名的慕课平台主要包括如下三个平台，即 Udacity、Coursera、edX。随着慕课引入我国，我国也发展了很多知名的慕课平台，如北京大学、清华大学等都开发了一系列慕课平台。

通过和我国长期使用的传统教学模式进行对比我们可以发现，慕课的优点十分明显，其具体体现在如下几个不同的层面：第一，慕课中有大量优质的课程资源，而且这些资源大多数都是开放性的，都是可以让学习者免费使用的资源，因而学习者可以在慕课平台中找到很多满足自己学习需求且免费的课程资源；第二，慕课平台对学习者的学籍、学历等信息没有要求，学习者只要按照要求注册就可以运用，这样的优势也更加有利于促进教育公平；第三，慕课平台中的课程可以满足大量的学习者同时在线学习，从而使学习可以突破时间以及空间的限制等。第四，在慕课平台中，师生之间的互动得以加强，这种互动更加有利于激发大学生的英语学习兴趣，是一种高效的互动。

（二）慕课平台的特征

1. 慕课教育平台具有优质的开放性特征

慕课教育以互联网技术作为依托，其教育功能可以在互联网技术升级条件下不断提升体验性能。传统课堂具有人数和时间的限制，一个教师能够负责的课堂人数基本要被限定在 100 人以内，因此在高校环境中，讲座教育的实际教学效果始终无法达到优质和高效。面对上述现实的难题，慕课教育就可以很好地妥善解决上述问题。在慕课的操作平台里面，教师就可以把某个专业课程的参与人数进行重新设定，设定为无限，即不限制课程的参与人数，这样就可以满足很多人同时参与这门课程的学习，有的时候人数可以达到上万人，可见慕课的开放性优势十分突出。同时，在传统课堂中开展的教育活动，基本只有本校学生或他们的朋友能够参与其中。但在慕课教育范围中，无论观看者是否为本校学生或是否为大学生都将不再受到限制。总而言之，慕课平台具有较强的开放性特征，这样就能够在一定的条件下满足很多学习者的实际学习需求，使他们在不同的环境中都可以学习和掌握自己感兴趣的专业知识以及理论等，从而不断地提升个体的综合实力。

2. 慕课教育平台具有升级性特征

目前，我国高校的学生在使用慕课时主要重点使用慕课如下几个重要的功能：其一就是学生可以借助于互联网在线观看视频的功能。其二就是在线对学生的学习情况进行测评的功能。其三就是教师监控的功能。其四就是教师指导的功能。纵观慕课在中国的发展情况可以发现，我国的教育者具有极高的信息更新意识以及平台升级的意识。教师和学生在具体使用慕课的过程中总是会遇到很多现实的问题，当收到教师和学生的慕课使用反馈信息之后，慕课的平台和团队就会根据反馈来不断地升级慕课教育平台，从而提升教师以及学生的慕课使用体验。这对于慕课平台的发展也是十分有利的，可见慕课教育具有一定的升级性特征，从而为学习者提供更加优质的慕课服务。

3. 慕课教育具有自由交流的特征

在慕课教育平台中，学生不仅可以观看教学类视频，以直播形式听名师开讲，还可以通过视频旁侧的聊天板块随时与身处异地的同学们进行交流。在传统课堂中，教师在讲课期间学生不能进行交流，如若交流便会影响课堂纪律。但在慕课情境下，每个学生都可以通过文字进行交流，观看者可以选择参与或不观看，交流不会直接影响教学进程。因此我们可以说，在慕课平台中，教师和学生之间的沟通变得越来越流畅，学生与学生之间的沟通和交流也变得越来越自由，这是我国英语的传统课堂中难以实现的。并且慕课教育还支持在课下再次进行互动交流，且其还设有交流论坛，支持教师与学生进行非同一时间段的互动交流。这样一来，当高校教师通过慕课平台为学生留置作业后，学生便可以通过网络平台及时与教师进行对话，进而破除学生因个人心态原因畏惧与教师交谈的这一现状。

二、慕课平台给大学英语教学带来的机遇与挑战

（一）慕课平台给大学英语教学带来的机遇

1. 慕课平台上提供的优质教学资源可以大力促进教育公平

目前，我国面临的现实情况是：我国各个不同地区的经济发展水平以及发展速度之间存在较大的差异，同时我国各个不同地区之间的教育资源分布情况也不尽相同，因而这就给我国的教育带来了很大的难题。对于那些经济状况发展欠佳且教育资源十分匮乏的地区学生而言，他们接受的教育远远落后于经济发达地区的学生，而大学英语的教育区域差距更是明显，新媒体时代慕课平台的出现，让我们看到了光明，来自经济落后地区的学生和老师们可以体验到新的技术手段和教育思想，教育不受时空的限制，这样那些经济相对比较落后同时缺乏优质教育资源地区的学生就可以拥有更加公平的教育机会，从而从真正的意义上实现教育平等。具体分析而言，在慕课平台的辅助下，这些学生可以接触并且学习很多优质的理论课程，同时也可以和教师、学生进行远程的互动等，这对于学生的发展而言具有重要的意义。众所周知，慕课平台中的课程都是由很多顶尖的教师以及团队开发和上传的，因而这些课程的质量很高。对于

很多学生而言，他们没有机会到顶尖的学府深造，这样他们也就没有机会接触和学习优质大学教师的课程。然而在慕课平台的辅助下，即使学生的学校十分普通甚至不理想，他们依然可以运用慕课来学习这些优质的教学内容，从而弥补其缺憾。在慕课平台中，学生借助于慕课开展自主学习的过程相对比较简单，即每个学生都可以在互联网覆盖的环境中通过网络进行学习，并且积极地参加平台设定的考试项目，从而获取相应的证书和相应的学分。这个过程也可以显著地提升大学生的英语学习积极性，他们会为自己取得的证书和学分感到骄傲，从而提升大学生的成就感。总之，慕课教育有利于逐步地推进教育公平。

2. 慕课平台能大力推进大学英语分级教学及个性化教学的有效开展

由于受到遗传因素、家庭成长环境、教育环境等因素的影响，因而不同的学生个体之间存在较大的差异。需要强调的是，这种个体差异是客观存在的，不会因为教师或者学生的个体意志力而消除。这就要求英语教师需要正确地看待每个学生，同时在实际的英语教学中根据学生的不同特点对学生开展“因材施教”。在这种观念的影响下，我国有不少的高校都开始在教学中尝试开展英语分级教学，这样就可以提升英语教学的针对性，使不同英语学习水平的学生都可以获得长足的发展。然而目前我国高校面临的现实情况是：近年来我国的高等院校不断扩招，这样导致了英语课堂中师生的比例严重失调，这也不利于英语教师的因材施教。

由此可见，分级教学是大学英语教学发展的必然趋势。然而，由于分级教学还存在诸多问题，比如部分学生有抵触情绪，以及学生成绩管理、上课班级管理及奖学金评定、教师考评等方面存在的诸多问题，使得分级教学大规模开展困难重重，而在慕课平台上，教师可以利用其大量的学习资源，不断改进课程教学内容和教学环节设计，给不同程度的同学分配难易度不同的学习任务，实现“因材施教”的个性化学习服务。在慕课平台的辅助下，教师就可以相对比较容易地追踪到大量有关学生学习的数据信息，从而及时地掌握每个学生在慕课平台中的学习情况。慕课的这种功能是十分强大的，它能够为教师的教学提供很多便利，在其辅助下，教师可以掌握每个学生的学习进度、规律以及他们的学习轨迹，从而为教师的建模提供大量的数据参考。这样教师为每个学生的建模都更加具有针对性，同时教师提出的导学建议也更加具体且重视细节，这便于学生及时地发现学习中遇到的问题，有利于学生在已有的基础之上不断调整自己的学习方法、策略等，从而提升自我。总之，这有利于培养个性化且具有创造性的高素质英语人才。

同时，针对那些不满足于课堂上有限教学内容的学生，英语教师也可以根据每个学生的具体情况为其提出一些具有较强操作性的建议或者意见，从而更好地指导学生的英语学习。具体分析而言，英语教师可以向具有强烈英语学习愿望的学生推荐慕课中适合他们的英语课程，从而引导和督促这些学生开展自主学习。也许这个过程有一些枯燥和单调，但是这个过程却可以大幅度地锻炼学生的意志力，同时提升学生的英语自主学习能力，这是一种宝贵的学习能力。此外，大学生也可以根据自身的兴趣爱好以及学习水平等选修一些适合自己的慕课课程，这样也可以开阔大学生的英语视野，使大学生可以从更加广阔的视角学习英语这门语言，并且在实践中应用这门语言。

3. 慕课可以促使大学英语教师提高自身教学质量

慕课不仅可以为学生英语学习提供诸多便利，大学英语教师也可以借此机会获得自身新发展。慕课资源都是十分优质的资源，大多数慕课的课程都是由专门的国内外顶尖的教学团队开设的课程，因而这些课程的教学方式、过程、重难点解读等都十分值得高校的英语教师借鉴和学习。对于高校的英语教师而言，他们除了平时的上课之外也需要不断地学习新的教学理念以及教学模式等，这时英语教师学习和深度研究慕课教育资源就是一种很不错的手段和方式，他们可以借此提升自身的综合英语教学实力。

（二）慕课平台给大学英语教学带来的挑战

1. 大学英语教师的业务水平受到挑战

由于慕课翻转课堂这一新的教育形式的出现，教师的教学方式和教学能力受到严峻的挑战，教师的转型势在必行。在实际的慕课教育环境中，英语教师不仅需要调整自身的英语教学心态，他们还需要学习和掌握很多新颖的教育理念以及慕课的技术手段等，这样他们才可以更好地驾驭和使用慕课教育资源。也就是说，英语教师需要不断提升各方面的能够，如英语专业教学能力以及信息技术的使用能力等，这样他们才能够在慕课教学中更好地指导学生，同时不断提升自己的专业能力。

2. 学生的英语水平及自主学习能力亟待提高

由于语言障碍，在校大学生及在职人员无法顺利完成慕课学习，这说明学生的英语水平及课下的自主学习能力亟待提高。这时英语教师就可以适当地为学生提出一些有意义的指导意见，从而鼓励学生，使学生能够及时地发现自身英语学习中的问题和障碍，更好地帮助学生学习英语，增强学生的英语学习自信心。英语教师和学生可以从如下几个方面做出努力：第一，英语教师可以引导学生并且积极地鼓励学生学习和掌握国际中的其他慕课课程，这样学生就可以更加准确地检查已有的英语水平，并且根据自身的问题及时查缺补漏，从而提升自身的英语水平。在这个学习过程中，学生一定要明确自身的实际需求，围绕需求开展英语学习活动，并激发学生的英语学习热情。第二，当学生在慕课平台中学习英语时，他们必然也会遇到一些难以解决的困难和问题，有些问题是教师无法及时回复学生的，这个时候学生就可以把这些问题总结之后带到英语的课堂教学之中，从而寻求英语教师或者其他同学的帮助。这个过程也可以一步步地提升大学生的自主学习能力和团队合作能力等。

3. 大学英语课程设置有待调整

传统的大学英语教学一般由综合英语（读写）和英语听说组成，课时分别为每周四节，每周两节，这样的课程安排更侧重培养学生通用英语水平，学生的学术英语能力得不到锻炼，不利于学生在后期开展慕课学习。

三、慕课平台在大学英语教学中的应用策略

（一）第一阶段：做好充足准备

1. 重新梳理高校英语教学的知识体系

使用慕课教育形式则要求各个教师必须要自行制作教学视频，而若要令简短的视频拥有真实的教学作用，教师就必须要着重筛选视频内容。教师团队可以将某一学年的教育内容加以梳理，例如按照语法之间的关联将所有知识点加以关联。具体可以使用思维导图形式，也可以使用逻辑树，重点则在于要将所有的逻辑知识用清晰的模式加以呈现。之所以要将学习的内容加以梳理，而不是以教师经验为主进行呈现，这是因为慕课教育需要一个固定的周期性。学生只有在周期性的习惯中才能养成良好的学习习惯，而若要配合学生的这一特性，便需要教学人员将慕课教育也设定为固定的周期，且各个教学视频必须具有一定的联系，如此才能稳定学生心理层面中对于“规律”的客观印象。同时，仅在网络教育范围内实现“周期性”也并不符合整体性特征，因此高校英语教师在创建以慕课为主的教育模式时，也应该将实体课堂中可能会出现的实践类知识也加以连续化，这样才能保证学生在学习慕课课程时，能够清晰地将理论课程与实践课程的实际内容加以关联，进而形成“双重记忆”效果。具体的知识图谱可以将某一种词汇作为核心，例如将英语状语作为引导类词汇，再以其为核心延展出时间状语、让步状语从句等分项内容，以该知识体系为主进行视频的录制即可。① 当学生需要学习某一固定阶段的内容时，教师则

---

① 徐秋玲. 慕课在高等学校英语教学中的应用与实践——以中国质量管理体系征求意见稿为依据［J］. 中国培训，2016（18）.

需为学生提供搜索关键字，再由学生自主进行筛选学习即可。具体的知识图谱可不以上述例子为主，可将各个高校英语教学部内不同的教学体系为例，但需要在高校内英语教学组的一致同意下方能成立。

2. 直接挑选慕课平台内可用的英语教学资源

慕课平台内部实际上也拥有一些已经成型的资源，这些资源大多都来自国内各所名校。因此，高校实际上也可以直接为学生统一购买这类慕课资源，要求学生以此为主进行学习。但在应用慕课资源的同时，英语教学组也应该按照选定的内容重新调整实体课堂的教学思路。同样要保证学生网络所学和实际所学能够具有极高的关联性。但一般而言，已经成型的慕课课程不会以高校内部的知识图谱作为教学周期思路，因此校方可以适当调整英语专业课程体系，例如以专业技能为主将课程结构加以划分，如“口语课程”“听力课程”“写作课程”等。英语教学组在筛选慕课课程时，应先自行查看，确认教学视频具有切实的教学价值后再将其加以应用，而一旦发现所选课程质量并未与高校所要求的水准相符，则应尽量使用校内教师进行自主制作，务必要保证学生所接受的网络教育具有切实的质量，而不是单纯地以“慕课”为主，却不具实际价值。

（二）第二阶段：创建校内英语专业慕课技术团队

需要强调的是，在高校的教育实践中真正地运用慕课教育技术是需要一定的条件，其首要的条件就是需要一个稳定优秀的慕课活动团队，这个团队主要包含如下两个重要的组成部分：一部分是负责标定教学内容，并可以充当教学者角色的教师团队。教师团队负责在知识图谱中筛选可用的课程内容，并将内容难找知识点的重难点绘制为教学纲要。具体的视频内容设计和形式也需要由教师来完成。另一部分则是技术人员。技术人员负责录制、剪辑、上传以及网络维护工作，基本上所有与教学无关但却需要妥善完成的工作，都将由技术人员负责。但高校若要保证在慕课教育实践进程中，各个英语教学组的成员能够发挥出切实的作用，便需要在正式开展教育教学前，先对教师进行培训。培训方向也分为两点：其一是对教师的专业能力进行培训；其二是对教师的慕课视频操作能力和互联网操作能力进行培训，这样一来教师才能够妥善利用互联网与学生进行交流沟通。

（三）第三阶：实践慕课英语教育

1. 布置教学任务，网络+实体结合指导

在实践应用慕课英语教学法的初期阶段中，教师需要为学生讲解该教学模式的基本流程，也就是先为学生明确学习方向。而后学生再根据教师所给出的学习方向去往慕课学习平台，根据教师主页或直接搜索关键字来查找教学视频。完成观看后，学生先需要在网络视频的旁侧查找与该课程对应的练习板块，并依照自身对于课程的理解完成对习题的解答。而这时慕课后台便能够依照学生给出的答案直接进行测评，并实时给出学生其对应的成绩。整个评级过程教师不需要参与，但在教师管理页面中，其可以看到整个班级内学生的成绩以及错题记录。教师也可以依照自身的教学习惯要求学生在观看视频的过程中记录笔记，并在实体课程开始前简单检查学生的笔记情况。[①] 这样一来便能够督促学生及时观看教学视频，减少学生因不参与实体课程而产生的懒惰、倦怠现象。

2. 重塑课堂活动，锻炼学生全面性实践能力

在以慕课教育为主的教学模式中，教师应该充分突出学生的主体地位。首先，在设置实践教学的过程中，需要按照本班学生的能力来设定任务内容。但也要将实践任务与慕课视频相对应，切勿出现学生学习后反而无法进行对应实践的现象。其次，教师应该将传统课堂中所用的实践教学模式加以更新，务必要使用更加新颖的教学手段。例如以辩论形式、商贸业务形式和外贸交流形式为主，要求学生在实践活动中扮演不同的角色，全程用英语进行对话等。这种实践模式一方面能够令学生对就业环境有所熟悉，另一方面也可以通过专业化的场地和任务内容，提升学生对专业知识的掌握程度。

3. 成立学习小组，实现互动实践模式

教育界曾有学者表示，当人们处在对知识的建构过程中时，人们如果可以进行对等的交流，无论交流内容为经验、知识或其他，人们获得一些知识的效率都要大于自己学习的效率。尤其对于当代大学生而言，他们马上面临就业。在就业的进程中其必然会与同事进行交流、合作，甚至还需要在合作的进程中达到自己的一些目的。因此，教师利用实体课堂来锻炼学生的交流能力具有切实的教育价值。教师可以在课前先将学生们分为固定的行动小组，要求各个小组在班级内确认自身的行动地点，直至班级内形成“蜂巢”状的活动格局。而后教师可以以慕课教学的内容为主，直接在课堂中下达实践指令，由各个小组的学生在组内进行活动。同时，教师也应该规定固定的准备时间，时间一到教师便要验证学生的准备成果。这样一来，大学生便可以在紧张的实践氛围中高度锻炼自身的英语专业能力。

---

① 章木林，孙小军. 基于慕课的翻转课堂教学模式研究——以大学英语后续课程为例［J］. 现代教育技术，2015，25（8）.

第三节 翻转课堂背景下的英语教学改革

随着中国和世界各国之间的贸易往来和交流不断加深，我国需要大量精通英语这门语言的复合型人才，使其为社会的发展做出应有的贡献。然而目前我国高校的英语教学模式培养出来的人才难以满足实际的需求，这就要求我国的高等院校需要不断地调整英语教学的方法，“翻转课堂”就是一种值得尝试的英语教学模式，这种教学模式的应用可以显著地提升大学生的英语综合素质，从而满足各个岗位的实际需求。

一、“翻转课堂”为大学英语教学带来的机遇与挑战

（一）“翻转课堂”为大学英语教学带来的机遇

如果知识的“内化”是学习过程中最重要的环节，那么，以往仅仅注重知识“传递”的传统型课堂就将这一过程留到了课后无人指导、缺乏交流对象的环境中。无法及时排除学习中的疑惑会在很大程度上影响知识的内化即消化吸收。将“翻转课堂”理念和模式应用于大学英语教学，无疑会给高校大学英语教师、非英语专业学生和大学英语课堂带来无限的生机。一方面，“翻转课堂”有利于转变学生角色。以往的大学英语课堂上，学生习惯于被动接受教师讲授的知识，即便教师布置了课堂活动，也只是把自己当作“临时演员”，偶尔参与到“表演”中。在“翻转课堂”这种十分新颖的教学模式中，学生在英语课堂中就可以展示自己掌握的英语知识，同时提出自己的疑问，和教师以及学生共同讨论相应的问题等，并且可以在课堂中进行评价等。由此我们可以看到，学生的角色发生了转变，他们也成了课堂的主人。在英语课堂开始上课之前，学生需要根据自身的实际情况自主地完成知识的预习活动，在这个过程中学生需要观看英语视频资料，同时学习和吸收视频中的英语知识点，并且根据教师的安排完成相应的学习任务等。整个过程是学生跟着兴趣和任务走，而非传统模式下的教师推着学生走。另一方面，“翻转课堂”有利于转变教师角色。大学英语教学者将从“孤独的演员”演变为既是“导师”又是“学生”的多重身份合一者。课堂上，教师和学生们共同研讨、解决问题，共同参与课堂表现评估；对学生作业的完成情况进行一对一的辅导；对学生的课后自学方向进行及时的指导。

在课下，教师不仅要对所讲授内容进行深入的了解和学习，更要利用各种可利用资源，尤其是现代化网络多媒体技术设备和手段进行资料收集和授课视频、PPT 演示文稿等的制作。这无疑是对传统“教书匠”形象的彻底颠覆。教师将更充分地利用课上及课下时间，对于不同的授课对象做有针对性的指导。也就是说，在被“翻转”的课堂上，每一分钟都是全新的。为了呈现更好的课堂学习效果，学生和教师更多地把时间花在课下，精心准备，积极思考，刻苦钻研。这种与以往截然不同的教与学的状态必将为大学英语教学改革提供各种崭新的机遇。

（二）“翻转课堂”为大学英语教学带来的挑战

“翻转课堂”作为一种出现和引进时间尚短的全新的教学理念和模式，还处于不断被挖掘与完善的过程中。在迎接机遇的同时，作为教育工作者，我们也必须要正视和积极应对它所带来的挑战。

首先，“翻转课堂”是对教师的教育理念和教学能力的巨大挑战。本质上讲，它是一种观念和技术上的巨大革新。翻转课堂能否成功实现取决于教师是否能从传统角色中将自己剥离出来，潜心钻研授课内容，精心设计课上课下任务，投入对不同层次学生的有针对性的指导中。而且，翻转课堂对于教师的多媒体互联网应用技术水平有相当高的要求。为了提高学生课下的学习效果，教师录制的视频不能只是个人讲解型，更要适时为学生提供更多的网络影像资料。视频录制和视频剪辑等技术将会对从事语言教学研究的高校教师形成不小的挑战。因此，教师既需要有力的相关培训学习，又需要不断的自我延伸，以提高业务能力和对于新理念的认同感。

其次，“翻转课堂”这种新颖的教学模式也会对学生的学习方法以及方式等带来巨大的挑战。中国传统的教育理念中以师者为大，学生较为被动，不主张他们根据自己的需要向教师提出要求。在这种教学模式之下，学习的主体并不是学生。他们很难充分发挥自己的学习主动性和自觉性。因而到大学阶段，很多学生没能形成对他们的未来至关重要的自主学习能力。但是，在翻转课堂这种新的教学模式下，由于学生被要求在课前独立完成知识点的学习而不受时间空间的限制，他们可以充分根据自身的情况把握学习进度。比如说，对于那些较难掌握的知识点，学生完全可以反复观看教学视频，直到掌握为止。此外，与过去被动接受教师的知识灌输相比，学生在初步的完成相关资料学习后，要仔细分析评估自己的学习状况，总结学习内容中对于自己来说的重、难点，并通过积极思考提出学习中遇到的问题，这样才能在课堂上与同学及教师进行深入交流和讨论。由此可见，翻转课堂实质上突出了学习过程中学生的主体地位，有利于扭转学生被动接受的学习习惯，使他们充分发挥自动、自主、自觉性，进一步提高其自学能力。

再次，“翻转课堂”是对高校硬件设备、网络条件和管理能力的巨大挑战。在翻转课堂的各个重要的环节里面，有一个环节是最为关键的环节，那就是知识传递环节，而这个环节就对高校的硬件设备等提出了很高的要求。一旦高校的硬件设备等难以满足实际的学习需求，那么知识的传递环节就会出现很多的困难，从而影响英语翻转课堂的实施。具体分析而言，在翻转课堂的知识传递环节里面，教师和学生开展教学活动需要使用到网络数字化的平台，同时还需要使用移动终端设备，这些都是不可缺少的基础。通常在开始上课之前，英语教师就需要提前根据教学进度录制一些视频资料。除此之外，英语教师还需要查找和搜集其他和课程相关的各种资料。当完成上述各个步骤之后，教师就可以把制作的视频资料以及搜集的各种相关资料上传到固定的网络平台中供学生使用。当上传完成之后，学生就可以登录相应的平台并且按照教师的要求记性预习和学习。在学生线上学习的过程中，英语教师和学生可以进行高效的互动和交流，这可以随时为学生扫除学习障碍，有利于学生的学习，增强学生的自信心。此外，英语教师也可以抽取一定的时间来查看每个学生的英语学习记录，从而更快地掌握每个学生的英语学习优点以及缺点等，并最终从整体上设计更加合理的教学方案，选择更加有效的教学策略等。因此，想将翻转课堂教学开展得更加有效，离不开高校强大的校园互联网软硬件的设备建设和发展，这既包括在线课程学习平台的开发和建设，也包括网络多媒体教室、学生寝室及图书馆等公共电子阅览室的高速网络建设。另外，英语教师的数字化教学能力培训也是高校网络软硬件管理中不可忽视的一部分。

二、翻转课堂在大学英语教学改革中的应用

随着大学英语教学受重视程度的不断提升，大学英语教学也在不断地改革和创新。在发展的过程中，翻转课堂教学模式的产生和发展为学生的英语学习提供了全新方向。在英语课堂的初始环节中，英语教师首先就需要使用各种信息化的技术手段来调动起学生学习的积极性，这是一个很关键的环节。一旦学生有了英语学习的兴趣和积极性，接下来的英语教学过程就会相对比较顺利。接着在英语课堂中教师可以引导学生进行积极的讨论，教师既可以让学生集体进行讨论，也可以让学生按照一定的标准分组进行讨论。最后，学生与教师相互沟通，一起完成教学任务。

（一）利用翻转课堂模式改变单一的教学形式

针对以往大学英语教学形式过于单一化的问题，现将翻转课堂教学模式引入实际教学中。以大学英语中 Unit 1 Section A “Learning a foreign language” 为例，本节课的重点在于 reading，writing 和 listening 三部分。因此，在实际教学中，教师通过视频的形式展现出外国人日常对话的场面，指导学生对两人或多人谈话的内容进行猜测，而后教师将课堂分为若干小组，并指导学生在小组内讨论，最终将各组所猜测的内容用独特的形式表现出来。通过此种形式的课前教学，可以让学生对英语这门语言产生全新的认知，并了解到英语不仅是大学中的一门必修课，同时也是极其重要的一门语言。学生将听到的内容与自己的理解相互融合，并将最终形成的内容用自己的形式表达出来。在此过程中，不仅锻炼了学生的听力水平和口语表达能力，同时也提升了学生的语言应用能力，更使其对英语的理解程度加深，不断深化大学英语的教学改革。

（二）利用翻转课堂模式改变固定的教学内容

在翻转课堂模式应用到大学英语教学中后，可以使学生拥有更多的英语交流方式。由于在每一次的课堂教学中，每一位学生或每个小组均需要进行课堂汇报，这就需要每位学生使用英语交流，因此学生需要完善大量发言前的准备工作。传统的大学英语教学模式在教学内容上过于固定，以教师为主体的教学模式必然难以适应社会的发展和教育的革新，因此，将翻转课堂教学模式应用到大学英语教学中可以帮助学生加强英语表达和课堂交流，改变传统的、固定化的教学内容，为大学英语教学融入更多的新鲜血液。将翻转课堂教学应用到大学英语教学中，可以改善传统英语课堂教学内容固定、教学效率低下的问题，大大提升学生的学习兴趣和学习效率，也更有利于大学英语的教学改革。

第四节　微信在英语教学中的运用研究

微信（we chat）是一款跨平台手机通信工具，从本质上进行分析，微信实际上就是一个智能的终端里面的一款能够为用户提供免费通信服务的软件。微信的功能十分强大，它可以满足用户多样化的现实需求。目前，很多人的生活已经离不开微信，人们使用微信进行信息的沟通，同时可以运用微信与他人进行视频聊天，还可以运用微信发朋友圈，从而让更多的人了解自己的生活并了解他人的生活等等。随着移动支付的发展和流行，现在越来越多的人已经习惯了使用微信来付款，扫描各种二维码的信息等。总之，微信的功能强大，在人们的日常生活、工作以及学习中都发挥了重要的作用。随着网络科技和信息技术的发展，微信越来越受到人们的喜爱和使用。网络环境下利用微信学习英语，教师与学生不再拘泥于面对面交流方式，这种新型环保学习方式深受学习者的欢迎，并让学习者受益匪浅。它符合英语学习的规律，也适合构建主义理论。

一、利用微信学习英语的理论基础

在建构主义的学习理念中，学生才是学习的主人，因而教师应该重视学生的主体地位，教师要在教学的过程中为学生创设一定的教学环境，从而引导学生能够积极主动地建构知识，并且将知识内化融入自身的知识体系中。学生学习是其主动接收外在信息并进行选择加工。学生新的学习活动是基于原有的背景知识和经验，对新知识的理解是通过原有经验重新构建起来的。当学生意识到自己是学习的主体并能自主构建学习框架时，则会更加自觉主动地进行学习，而不再是外界强压下抵触的学习。当学生乐于主动探索并构建新知识体系时，其创造性能得到充分的发挥。因而教师可以将学生置于英语学习的主体地位，同时发挥主导作用，利用微信作为英语学习手段调动学生学习英语的主动性和积极性。它会成为学习者喜闻乐见的学习方式。

二、微信在大学英语教学中的优势

（一）延伸大学英语课堂教学活动，开拓英语学习第二课堂

传统的教学模式就是教师在指定的教室给学生上课，教授知识以及提出问题。在课下，教师不了解学生遇到的问题，学生遇到问题也不能及时向教师询问而得到解决。而微信就为这一问题提供了解决方案，学生与教师沟通可以不受时间与空间的限制，提高了交流的效率。教师可以通过微信给学生随时随地转发一些新的知识，或是课堂上没有讲完的知识也可以通过微信进行补充。教师可以把全班同学组织到一个微信群组中，这样教师就可以通过微信群向学生发送很多补充的相关英语资料等。此外，在微信群中，教师和学生还可以进行积极且及时的互动，学生可以把不懂的问题发送到微信群里面，从而使问题得到解决。

微信群中也可上传课堂练习及补充笔记，学生提交的作业也可以得到及时

查阅和指正。另外，教师对学生提出的问题做出及时的回复，学生会感觉到自己受到重视，学习的积极性自然就得以提高。对于一些优秀的学生，课堂的时间往往是不够的，所以需要开拓课余的时间学习，微信群就提供了一个很好的平台，形成线上英语课堂，满足优秀学生对知识的渴望。

（二）学习方式灵活，调动学生学习积极性

传统的教学模式下，学生已经养成了上课被动听课的习惯，他们认为教师才是课堂主体，所以学习积极性不高，教学效率较低。随着社会的进步、科技的发展，教学课堂中已经广泛使用多媒体技术。大学生利用微信进行英语学习，没有时间和地点的限制，可以很好地利用碎片化的时间，学习的方式、学习的时间以及学习的地点都完全由学生自己决定。微信还可以作为分享的平台，微信群和朋友圈都可以让学生分享自己学习到的知识以及遇到的问题，实现资源共享的同时也形成了良好的学习氛围。教师可以寻找一些对于英语学习有帮助的公众号，给学生提供一个多样化的学习平台，通过增加有趣的知识来提高学生学习的积极性。微信群有一个很好的功能就是可以多人同时一起进行语音对话。教师在微信群布置的任务需要所有的同学进行口语练习时，就可以通过这一方法。学生运用英语来回答教师的问题，教师及时回复学生的答案。这种教学模式可以获得更多同学的青睐，无论是外向还是内向的。尤其对于内向的学生来说，这一模式可以给他们带来更多的自信，不用面对他人，直接表达自己的想法。

（三）增强师生之间的交流与沟通

很多学生对教师的刻板印象就是教师是威严、不好接近的。但是实际上，教师在学生学习的路上应该是一个领路人的身份。师生之间有一个融洽的关系对师生间共同进步是有很大好处的。如果师生关系不融洽就会导致学生学习兴趣不高甚至使学生对学科学习失去信心，这将非常不利于师生双方的发展。

微信这一手机软件就可以在一定的程度上增强英语教师和学生之间的沟通，从而使师生之间的关系变得更加融洽和和谐。例如，在学生的英语自学过程中，学生必然会遇到一些自己难以解决的问题，这个时候他就可以向教师发微信，从而寻求及时的帮助。当问题解决之后，教师还可以利用微信表扬和鼓励学生善于思考，从而激励学生进一步的思考和进步。这一软件的应用尤其对内向的学生大有助益，平时不善于表达自己的学生，在微信中就可以畅所欲言，表达自己真实的想法。学生遇到问题可以通过拍照并且发送给教师，教师在空闲时间可以给学生回复并且一起探讨问题。在微信群中进行知识分享是一

个很好的方式，大家一起探讨，也有利于增进班级感情。教师可以根据学生在课堂的表现，给学生一些学习的建议，带领学生一起解答疑惑，间接增进了师生的感情。师生之间感情提升将对这门课的学习效果产生有利的影响。

三、微信在大学英语教学中的应用

伴随现代信息技术的迅猛发展，各类应用软件正逐渐地改变着人们的学习理念、学习方式和学习过程，移动学习的大背景也给大学英语教学带来了全新的挑战。作为教师、学生日常生活学习中频繁运用到的一种沟通软件，微信的交互性、自主性以及微型学习的优势作用，应在大学英语教学中得以充分利用。

（一）课前预习

由于课时的大幅缩减，很多训练在课堂上都不能全面展开。为了确保教学任务的有效完成，英语教师就可以在英语课堂上课之前充分地利用微信这个软件来做好充足的课前预习工作。具体分析而言，在开始上课之前，英语教师就可以利用微信软件向学生发送指定的课堂预习任务单，同时明确地指出这节课的英语教学大致内容等，向学生发送有关的图片、音频或者视频资料，这样每个学生就可以结合自身的实际情况在课前进行预习。在这个过程中，师生之间、生生之间也可以根据教师发送的英语资料进行深入的讨论和分析等，这样也可以加深学生的理解，并且激发每个学生的英语学习主动性。

（二）课中辅助

在我国传统的英语教学模式中，英语教师往往会有繁重的英语教学任务，因而他们在英语的课堂教学中会争分夺秒地向学生传输英语的专业知识，从而完成固定的教学任务和目标。在这种情况下，很多英语教师都会选择使用演示文稿来向学生展示这些教学信息，然而这些英语知识十分枯燥、单调，而且信息比较密集，教师很难在较短的时间内激发其学生的学习兴趣，因而在我国传统的英语课堂教学中，很多学生都会选择做“低头族”，他们没有认真地听英语教师讲课，而是沉浸在自己的世界中，这十分不利于学生的英语学习。因而在现代化的信息技术时代，高校的英语教师一定要重新调整自己的教学策略，要努力在课堂中运用现代化的手段来激发学生的英语学习兴趣，这样才能够使学生更加积极主动地学习英语。这个时候英语教师就可以把微信灵活地应用到英语教学中，提升英语课堂的教学效率和质量。例如，在很多高校的英语课堂中，一个班上课通常都会有几十个甚至上百个学生，而英语教师为了确保学生自觉主动地来上课通常都会选择在课堂中点名，这样可以确保大多数学生准时上课。然而面对这么多的学生，英语教师点名也会花费很多时间，这就会在一定的程度上压缩了英语教师的授课时间。这时教师就可以利用微信中的“微助教”功能让学生通过扫码等形式进行签到，这样就可以为英语教师节省很多时间，同时也可以很好地监督学生按时上课。

在传统课堂中，因为大班教学，课堂讨论并不能确保每位同学都有机会发言，全面的课堂互动活动也很难实现。其实，多数大学生都比较喜欢在网络虚拟空间上参与投票、留言、评论等不同形式的互动。“微助教”的讨论功能恰好可以迎合大学生的喜好，从而辅助教师很好地完成课堂内的话题讨论或投票，增加课堂中的互动，鼓励学生积极参与课堂。另外，在大学英语实际教学中，相当数量的学生出于各种原因在课堂上羞于开口，“微助教”的讨论模块贴心地设置了匿名讨论的方式，这样就能更好地照顾学生的需求，缓解学生的焦虑，还能鼓励学生在微助教平台表达自己的想法，增进师生之间的交流。在微助教中有个重要的模块，那就是讨论模块。在讨论模块的帮助下，高校的每个大学生都可以积极地参与课堂的互动，由于在讨论模块中进行讨论都是匿名的，因而这也会给很多性格内向学生不少的勇气和动力，促使他们勇敢地说出自己的看法和想法等，这也可以在一定的程度上增强大学生的口头语言表达能力，同时还能增加课堂的趣味性。“微助教”的讨论模块还设有限时讨论功能，这也可以解决传统课堂中话题导入耗时较长的难题，提高课堂效率。

此外，授课教师也可以以班级为单位创建微信群，以方便教师与学生之间的课外沟通。由于课时有限，传统课堂中师生之间的沟通也很受约束，师生之间尤其缺乏及时的反馈。通过微信群，教师可以借助私聊或群聊的方式及时了解学生的学习状况，如单元学习的难点，英语学习的困惑以及对教师授课有什么意见或建议等。教师也可以通过微信群布置小组任务，学生们则以小组为单位在微信群里提交作业，这样既可以促进小组成员的团队协作和小组之间的竞争，又能增进学生之间的相互交流和学习。这种将传统教学与先进的通信工具相结合的教学方式，可以有效地提升课堂的趣味性与灵活性，吸引学生主动学习，从而提高教学质量。

（三）课后拓展

新时代背景下，大学英语的教与学不能仅仅局限于课堂之内。借助微信平台的公众号，教师可以分享各类学习资料，包括课程的要点、重难点和课外的补充资源，以便学生巩固所学知识以及了解更多的英语知识。上传的资料形式可以多样化，比如图片、音频或视频，内容可以涵盖听、说、读、写、译等各个方面，使学习不再拘泥于课堂和课本。在微信平台的公众号里面，每个大学生都可以结合自身的兴趣爱好等来搜索并且关注相关的英语资源公众号，这也为学生的英语学习提供了很多便利。通常情况下，微信的公众号都是由专门的团队进行运作，他们也会在固定的时间阶段更新公众号的内容，这样大学生就可以在课下利用课余的时间学习关注的公众号内容，这不仅可以使学生养成利用碎片化时间的习惯，还可以拓宽学生的英语视野，为学生日后的英语深入学习打下牢固的基础。

四、微信在大学英语教学中应用须要注意的问题

（一）微信可以辅助课堂教学，但不可作为教学的主体模式

随着现代科技的不断发展，混合式学习是未来教育的必然发展趋势。在混合式教育理念的驱使之下，高校的英语教师就可以具体的英语教学中引入微信教学，从而使其成为传统课堂教学的重要补充和延伸。教师把微信引入英语教学中是一个双赢的举措。它一方面可以促使英语教师更好地引导和指导大学生的英语学习活动，另一方面可以给大学生的英语学习提供很大的灵活性，使大学生在感兴趣的基础之上积极地学习和探索英语知识以及技巧等。需要强调的是，英语教师在教学中应用微信时需要定位好这种教学辅助手段的性质，即微信可以很好地辅助英语的传统课堂教学，但是它并不能取代传统的英语课堂教学，英语教师在教学中一定要很好地把二者融合起来使用，从而最大可能地发挥其作用和优势。

（二）教师要扬长避短，积极应对微信辅助英语教学带来的挑战

科技是一把双刃剑，因而高校的英语教师把微信引入英语教学中也要积极地应对其可能给教师和学生带来的挑战。在实际的教学中，英语教师引入微信确实可以凸显很多优势，如很多学生对英语学习有了浓厚的兴趣，不少的学生也开始积极地利用碎片化的时间开展英语学习，同时很多学生也渐渐地养成了英语预习的好习惯等等。然而英语教师把微信引入英语教学也会面临很多现实的挑战，需要引起师生的重视。具体分析而言：第一，有一部分大学生的自制力比较差，他们在使用微信学习英语知识的同时可能还会利用微信和朋友聊天或者刷朋友圈信息等，这些都会大大地降低微信教学的质量。面对上述情况，英语教师需要对学生进行合理的指导，同时加大监督的力度；第二，微信的功能还在不断发展和更新之中，这就要求英语教师需要不断地学习新的信息技术等，从而更好地使用微信，并把其高效地应用到英语教学中。

第八章　新时代背景下英语教师的专业化成长

在大学英语教学中，教师是重要的组成部分，高校应该重视教师的专业发展，从而逐步地提升大学英语教师的综合素质，这也是高校英语教学质量的重要保障。本章首先分析了英语教师专业发展的相关基础性知识，接着进一步论述了英语教师专业发展的实现模式，探讨了高校英语师资建设的内容，最后分析了信息化时代英语教师的发展性评价。

第一节　英语教师专业发展概述

一、英语教师专业发展的内涵

英语教师专业发展的研究虽然已在国内外逐步兴起，但是研究成果并不成熟，“英语教师专业发展”这一概念目前尚无统一明确的界定。已有研究多以英语教师的专业素质结构为出发点，探讨英语教师专业发展的内涵。关于英语教师素质结构的理论研究，尽管角度和侧重各有不同，但归纳起来大致包括普通教师所应具备的基本素质、语言教师所应具备的专门素质以及英语学科教学的专门素质三个方面。

语言教学本身和英语教学的双重特殊性使得英语教师的专业发展具有其自身的特点，但是英语教师首先也是教师，因此，英语教师专业发展的概念与一般意义上的教师专业发展具有一致性。所以，在深入探讨英语教师专业素质结构基础上，国内的研究者们结合教师专业发展的多个维度和中国英语教学的实际要求，初步讨论了英语教师专业发展的具体内涵：

第一，英语教师专业发展并不是一个静止的状态，而是一个动态的过程。它强调的是英语教师在职业发展要求的背景和机制中要不断地学习和内化新的英语专业知识、不断反思自身的英语教学行为以及过程，同时在调整和发展的过程中获得一定发展和进步。

第二，从教师职业化发展的背景下进行分析，英语教师专业发展包含如下两种不同的视角：其一就是指教师在从事这份职业的过程中所体现出来的心理成长过程，如教学的态度、情感以及价值观等。其二就是指教师在职业生涯中所获得的培训以及教育等方面的发展。

第三，在英语教师专业发展的具体过程中，教师要认清自身的角色和位置，即教师才是发展的主体，教师个体需要不断地积累新知识，同时调整自身的教学行为和方法等。

二、英语教师专业发展的内在要求

（一）完善的知识结构体系

1. 扎实的英语学科知识

英语学科知识主要包括词汇知识、语法知识、阅读知识、写作知识以及翻译知识等内容。

2. 广博的文化知识

一个人想要成为合格的教师需要具备两个条件，其一是对教材进行深入思考，可以完整地把握教材；其二是拥有的知识量一定要比任何教科书的或者是教学计划当中规定的知识要广博。一般来讲，中国的英语教师基本上是由大学培养的，因此大学的培养模式直接决定着英语教师的专业素质。教师的工作具有人文性的特点，因为教师培养的是符合社会主义建设和发展的人，这就要求英语教师必须具备广博的文化知识，帮助学生更好的理解世界。

（二）良好的心理素质

通常情况下，在实际的英语教学中，人们往往更加看中教师的英语专业知识储备以及能力，而不是很重视英语教师的心理素质。在大多数人的传统观念中，英语教师的心理素质对教学效果不会产生很大的影响。相反，英语教师的专业知识和技能则会对英语教学产生比较大的影响。实际上，人们的这种看法是十分片面的，在英语教学实践中，教师的心理素质同样很重要，会影响英语的教育质量。从概念的层面进行分析，心理素质就是指个体的情感、意志以及性格等在个体身上的整体反映。在实际的英语教学中，教师和学生都会遇到很多难以预料到的突发情况，这个时候英语教师只有具备了较强的心理素质才可以果断地做出判断，并且做出决定，从而快速高效地解决英语教学中的问题。

此外，对于大学生而言，那些心理素质好的英语教师往往情绪稳定、发挥正常，学生更加喜欢这些教师。而那些心理素质差的英语教师往往总是情绪紧张，他们也难以快速地处理一些现实问题，这些英语教师也难以给学生做好榜样，也难以给学生带来一些积极的影响。

从情感的层面进行分析，英语教师从事英语教学这份职业，其首要做的就是喜爱并且热爱英语教育事业，这也是英语教师开展各项教学工作的重要基础。如果教师本身并不是很喜欢或者认可教师这份职业，那么他在教学实践中就会缺乏教学的激情和热情，也难以在教学中投入百分百的时间和精力等。众所周知，高校培养的大学生是我国发展的人才，因而高校的教师包括英语教师都应该有一份崇高的使命感，要有较强的责任感，这样教师才会践行教育理念，为培养优异的人才而努力。

从意志的层面进行分析，英语教师本身一定要具备较强的意志力，他们要敢于在教学实践中勇敢地面对困难和挫折，从而努力地寻找解决困难的方法和策略等。这样英语教师也能够以身作则，给学生树立一个很好的榜样。大学生的年龄往往也比较小，他们还没有积累丰富的人生经验等，因而当他们在现实的生活和学习中遇到难以解决的困难时他们往往会相对比较迷茫，不知道该如何下手解决问题。这就需要英语教师一定要能够科学地引导学生，培养学生的意志力，从而使学生有勇气来面对困难、想方设法地化解困难。需要强调的是，英语是一门世界通用的语言，而语言的学习并不是一蹴而就的过程，这就需要英语教师和学生都能够保持恒心，要能够坚持不懈地学习英语知识和技巧，同时不断地训练和应用英语这门语言，这样学生才能够更加扎实地掌握学习并掌握这门语言。

（三）过硬的基础教学能力

1. 沟通能力

在高校的英语教学实践中，英语教师和学生之间、学生和学生之间都需要进行有效的互动，这就十分考验英语教师的沟通能力。对于高校的英语教师而言，其在课堂教学中每天都会面临很多不同的学生，这些学生具有显著的个体差异，因而教师在和这些学生进行沟通和互动时一定要掌握好沟通的技巧和策略，从而与学生开展高效的交际。实际上，在英语教学中，沟通能力是英语教师的一项最基本的能力，英语教师只有具备了较强的沟通能力，他们才能够在现实的英语教学中创设比较良好的英语教学环境，才能够更好地安抚学生的情绪，从而提升英语教学的实效。

在英语教学和应用实践中，沟通显得尤为重要。如果高校的英语教师不具备基本的沟通能力，那么他们就很难准确地掌握教学的节奏和步调，也难以激发起学生对英语这门语言的学习热情。为了提升英语教师的沟通能力，英语教师需要着重地从如下几个方面做出相应的努力：第一，英语教师在教学中要树立“以学生为本”的思想，要时刻把学生的需求放在首要的位置；第二，英语教师要尊重、关心和爱护每个学生，要多倾听学生的声音以及他们的心里话，从而及时地帮助学生解决现实的问题和困难；第三，英语教师在和学生沟通时一定要把握好说话的分寸和度，一定要合理地运用各种沟通技巧，从而进行高效的沟通。

2. 教学设计能力

在英语教学中，教学设计是一个重要的环节，这也十分考验教师的教学设计能力。英语教师一定要具备较强的英语教学设计能力，这样他们才能够结合教材和辅导资料设计出更加完整、有序的教学环节，从而使英语课堂变得更加充实、饱满，使学生更加愿意积极主动地探索和学习英语知识。需要强调的是，英语教师的教学设计能力和他们储备的操作性知识的数量联系十分紧密，然而这也不是说教师储备的操作性知识越多，教师的教学设计能力就一定越强。总而言之，对于英语教师而言，其在教学中要多花时间和精力来探讨、研究英语的教学设计，了解设计的步骤、方法以及注意事项等，这样他们才会逐步地提升自身的英语教学设计能力，提升课堂的质量，吸引更多的学生注意力。

3. 教学监控能力

在实际的英语教学中，一堂英语课堂教学的质量取决于多种影响因素，即它不仅和英语教师的沟通能力有较大的联系，它还和英语教师的教学设计能力有较大的关联。除此之外，还有一种因素会对教学的质量产生较大的影响，那就是英语教师的课堂管理能力。有的时候人们也把英语教师的这种课堂管理能力称之为教学监控能力。在实际的英语课堂教学中，教师的教学监控能力十分重要，教师只有具备较强的教学监控能力，他才能够游刃有余地管理好英语课堂，才能够保障各个英语课堂教学环节有序地开展。

（四）积极创新的科研素质

在英语教学中，英语教师不仅要完成学校制定的英语教学任务，他们还需要拿出一定的时间来从事英语方向的科研活动，从而获得一定的理论，并且运用这些科学的理论来进一步指导英语教学实践。也就是说，在英语教学中，英语教师一定要具备一定的科研素质，这样他们才会不断地求新、去突破，不断地钻研英语实践中遇到的现实问题，这种科研活动具有重要的现实意义。

对于英语教师而言，他们在具体的英语教学实践中会积累丰富的教学经验，这些都是宝贵的经验，这就要求英语教师一定要善于分析和研究英语教学的经验、规律、矛盾等，从而把这些整理成重要的科研理论。众所周知，在中国学生从小学就开始学习英语，然后他们会一直学习很多年英语，可见我国具有庞大的英语学习队伍以及教师队伍，然而我国从事英语科研的教师数量却比较少，这与英语的教师队伍是不成正比的。因此，我国各个高等院校的管理者以及教育工作者应该积极地培养英语教师的科研意识，并在实践中不断地加强和提升英语教师的科研素质和能力。

第二节　英语教师专业发展的实现模式

一、发展提高模式

（一）教学实践模式

教学实践模式具体就是指教师要善于充分地运用课堂教学实践来提升自身的综合素质，从而不断地提升自身的专业能力，实现专业性发展。这样就要求在英语课堂的教学实践中，英语教师一定要时刻关注自身的成长和变化，要在课堂实践中更好地发挥自己的能力，更好地加强和学生之间的互动与合作等，从而在这个过程中不断地完善自我。实际上，英语教师的这种专业发展模式比较常见，也能够取得相对比较好的效果，值得很多教师尝试和应用。

在具体的操作实践中，人们应该重视如下几个方面的问题：（1）人们应该着重强调，在英语教师的专业发展中，课堂教学环节十分重要，这是一个不容忽视的环节，需要高校的管理者以及教师引起高度的重视；（2）不同的英语教师之间也要相互协作和合作，从而在教学实践中形成教师共同体，这在英语教师专业发展中也是十分重要的环节；（3）在课堂教学实践中，英语教师也要调动起学生的主动性和积极性，让其更好地协助英语教师开展各项教学活动，促进师生的共同进步和成长。

（二）专业引领模式

在现代社会中，人们提倡的教育理念就是终身学习。其指的就是人们要时刻保持清醒的头脑，时刻学习新的知识和技巧等，把学习当成是一种习惯和能力。对于学校的英语教师而言，他们在课堂中是教育者，需要向学生传递专业的知识，然而在课下他们也是学习者，他们也要学习很多不一样的知识。例如，英语教师可以向自己的同时学习，可以向擅长教育的学生家长学习，可以向各行各业中的专业人士学习等。需要强调的是，通常在学校中，教师的学习对象就是其他的英语教师，然而由于教师和其他的英语教师都是处于相同的水平层次中，因而他们之间的借鉴和学习往往没有特别显著的提升，这个时候英语教师就需要专业引领人员来指导其学习。需要强调的是，专业的引领人员并不是指固定的人员，而是指在思想层面和教学层面能够给英语教师重要启示和指导的优秀人员，如教育领域的专家等，其大致包含：第一种是教育科研人员等专业性的研究人员；第二种就是具有丰富教学经验和成就的资深教师，如各个学校的特级教师、英语学科的带头人等。专业引领模式的具体步骤如下：

1. 阐释教育教学理念

众所周知，理论可以在一定的程度上指导实践，因而当英语教师秉承不同的英语教学相关理念时，他们就会采用不同的教学方法和策略，从而产生不尽相同的教学行为。由此可见，在实际的英语教学中，要想改变和调整英语教师的教学行为，就需要使各个学校的英语教师掌握先进的英语教学理念。在具体的操作中，引领人员可以为英语教师提供多样化的方式供教师选择，从而使更多的英语教师可以接触并且学习全新的英语教学理念以及方法等，这是十分重要且关键的环节，这些方法有开展英语讲座、开展英语的专题报告以及座谈会等。总而言之，阐释教育教学理念主要包含如下几个方面的内容：第一，教材内容的理解分析；第二，课程教材教法的分析辅导；第三，课程标准与学科课堂教学问题的评析。

2. 共拟教育教学方案

当专业的引领人员向英语教师阐释了新的教育理念之后，教师基本上就可以理解并且掌握相应的教育思想。这个时候专业引领人员还需要和英语教师来共同拟定相应的教育教学方案。这个过程很关键，那是因为即使英语教师已经理解了全新的教育教学理念，然而他们还是没有能力在教学实践中应用这些理念，这个时候英语教师就需要专业引领人员的辅助。在专业引领人员的帮助下，英语教师就可以结合自身的教学特色和风格等制定出符合教学要求的教学方案。

3. 指导教育教学实践尝试

当专业引领人员和英语教师合作拟定好了相应的教学方法以后，他们就需要共同来实施这项教学方案，从而使其付诸实践。例如，在实际的英语教学中，英语教师就可以在英语课堂中运用和实践该教学方案，从而准确地检验该方案是否具有较强的可操作性、是否可以显著地提升学生的英语学习兴趣以及积极性等。在具体的实践过程中，专业引领人员就需要认真仔细地观察英语教师的操作行为以及各种细节，从而指出具体的问题以及差距等，这也便于英语教师进一步调整自身的行为和实践操作环节。

4. 引导反思教育教学行为

从教学的层面进行分析，当英语教师把其与专业引领人员共同制定的教学方案在英语课堂中实施之后，引领人员这个时候就需要和英语教师共同来分析和讨论教学方案的实际实施情况，引导英语教师进行教学反思，同时在反思的基础之上进一步调整和完善共同拟定的教学方案，增强方案的可操作性以及实效性。

总之，专业引领模式是英语教师专业发展的重要模式之一，这种模式具有较强的专业性，可以在较为短暂的时间中明显地提升教师的教学水准。在专业引领的模式中，专业引领人员发挥了重要的作用，由于他们学识渊博、具有丰富的教育经验以及教育研究基础，因而他们能够为英语教师提供很多具有较强专业性的建议以及意见，从而拓宽英语教师的教学思路，提升英语教师的专业素养。

二、自主发展模式

（一）反思性教学模式

纵观世界发展历史可以发现，最早提出“反思”这个概念的人就是德国著名的哲学家黑格尔。所谓反思就是指教师要对自身的教学行为和整个过程进行回忆和思考，从而找出教学过程中存在的问题等，并且思考出现这些问题的原因以及改进策略等，从而最终提升教育的质量。

1. 反思性教学的准备（教学前反思）

对于英语教师而言，其在开展反思性教学之前就需要储备大量的英语专业知识、教学相关的知识以及技能等，这样他们才能够在反思的基础上改善和提升英语教学的质量。此外，英语教师还需要不断更新教育的理念，做好充足的准备，从而提升教学的质量。

2. 反思性教学的实施（教学中反思）

这一步是反思教学的前提，为教学的补偿和提高提供必要的认知基础。具体分析而言：第一，在具体的英语教学实践中，英语教师一定要结合现实情况采用高效且具有一定技术含量的英语教学方法，从而确保英语教学开展得更加顺利和高效；第二，英语教师要有比较强的反思意识，他们需要采取必要的措施和手段来高度地关注英语教学的各个环节，并且监督英语教师的教学行为，从而为教学反思提供充足的信息。在这个过程中，英语教师可以采用多样化的方式来开展反思性教学，如教学日志以及行动研究等。

3. 补偿与提高（教学后反思）

反思性教学必须考虑到教学中产生变化的诸因素。教与学的关系一旦变化了，英语教师的行为也必须相应地变化。通过教师对教学效果的监控和反思，整个教学过程将会变得更为清晰。

4. 建构教学行为反思的连续体

对于英语教师而言，其在英语教学中开展的教学反思是一个长期持续的过程，并不是一天或者一个阶段就可以完成。也就是说，英语教师需要构建教学行为反思的连续体，不断地进行教学反思、持续地进行英语教学反思，这样才可以达到相对比较好的教学反思效果。实际上，英语教学实践中肯定会遇到很多问题、突发情况等，因而英语教师的教学反思十分有意义，它可以帮助教师回顾、分析遇到的问题、现象等，从而促使英语教师调整教学方法、策略等。总之，高校英语教师构建教学行为反思的连续体具有重要的现实意义。

（二）教育行动研究模式

1. 教学日志

教学日志和教学日记的内容大多与教学过程当中所遇到的现象、问题、解决方式、新教学方式、手段、教学计划、备课记录等方面相关，但是，相较于教学日记而言，教学日志是由一个教研组的全部成员共同完成的，此外，教学日志并没有固定格式，长短不同，里面记录的东西可简单可复杂。教师通过教学日志能够及时地记录与回顾这一整天的教学过程，并且教师在日后翻看时也可以为自己教学自省和提升提供宝贵的参考资料。

2. 课堂观摩

课堂观摩是一种从第三者角度出发的，用以观察和记录课堂教学活动的有效方式，观测者从多个角度出发，对课堂教学中发生的教学事件进行客观且深入的分析。这种方式可以让观测者和被观测者都能将理论与实际相结合，取人之长，补己之短，为教师的教学活动提供及时反馈，让教师更清楚深入的认识到自己教学过程中的优缺点，不断提高自己的业务水平能力。同时，它还能让教师更加积极主动的研究更多的教学方式与策略，并与课堂教学恰当融合。课堂观摩除了能提升教师教学与专业知识的能力外，还给予了教师更多的教学自由，让教师们互帮互助，研发出更多新的、与教学课堂相切合的教学策略。通过课堂观摩，教师可以再次对教材和教学方式进行思考，将新的教学方式更加灵活高效的运用到实践教学之中。除此之外，课堂观摩还有利于教师之间教学知识、方式、经验的共享，推动了教师教学水平的提高。

3. 教学档案袋

教学档案袋应当包括教师教学、研习、研究、反省、评估等诸多方面。在教学档案袋中，教学是内容主体，其中包括教学内容、方式、手段、评价、教学环境等方面。反省是推动教育教学发展的重要环节，教师可以在这个环节中，更清晰深入的了解自己的优缺点，推动自身教学水平的进步。学习、研究和评价也是教学档案袋中不可或缺的一部分。教学档案袋是一种推动教学进步的、目的性强的、内容多样的、反思工具，他为教师教学水平的改善提供了呈现信息的方式，在我国现如今的教学背景下，若是能找到适合的时机将其引入，必会让我国教育教学更上一个台阶。

三、课程改革模式

（一）课程行动研究模式

在过去旧的教育研究学界中，教育大家和学者几乎把持这课程领域的全部研究工作。英语课程领域研究者观点的践行者是众多一线英语教师，他们不辞辛苦的实践这研究者们提出的观点，并送去最新的数据。但在课程行动研究模式中，教师才是教学研究的主要力量，他们根据教学遇到的教学事件与问题进行推动教学质量和水平上升的研究和改革。教师们的教学研究更具有实践性、互动性以及试验性和反思性，他们在研究方法上主要采取了自我反省的计划、实行、观测和在反省的一整套循环方法。课程行动研究的重心主要放在对教学实践情景的解析上，显示出了一种先实践再解析的研究方式，该研究方式在充分发挥教师在教学改革中作用的同时，也推动了教师专业技能的提升，使得教学研究向教学实践靠拢，推动了英语教学与实践的结合。

（二）校本课程开发模式

校本课程是以相较于国家必修课程而言的以学校自身特色为基础的一种课程形态。一般来说，国家级课程均由国家专业部门在校外进行研发，相对的，校本课程则是由学校进行自主研发。从本质上来说，校本课程有以下三个特质：第一，学校享有极高的课程自主权；第二，教师是课程开发的主要力量；第三，学校是校本课程的开发场所。一次校本课程的开发须得由校长与课程相关教师组成研发小队，一起完成课程得研发工作，在研发过程中，教师在获得课程研发得所有权得同时也必须要承担这方面的责任。教师为了更好地完成校本课程得研发工作，就势必会更努力得学习相关知识，加强自身对于课程的责任感并积极增强研发队伍得凝聚能力。对于研发教师来说，校本课程的研发是一个充满挑战、给教师带来极强充实感、成就感得过程，也是实现教师自我价值，促进教师自我发展得过程。

（三）教学实验研究模式

所有教学改革都不能是纸上谈兵，它必须要落实到教学实践当中。如果学校能抓住这个机会，积极推动课程研发与实践教学同步的改革试验，就能够促使教师教学观念的转型，从而优化教师专业知识与能力的结构并推动教师的专业技能进一步发展。很多一线的英语教师在长期的教学活动中以及积累了许多珍贵的经验，形成了自己独特的教育理念和教育方式，这些珍贵的经验和独特的教育理念只能用于原先的教学模式，若将它们强行塞入新的教学模式之中，效果可能大打折扣。但原有的教学观念和教学方式已经无法适应课程改革了，所以它们必须要在价值观等方面进行方向性的变革，以此来适应课程改革。学校应当积极的推动课程研发与实践教学同步的改革试验，给予每一位教师一个拓展专业知识、转变教学观念、强化团队合作意识以及多维度看问题的机会，以此来鞭策教师不断提升自己的专业技术水平。

第三节　高校英语师资建设研究

一、高校英语师资队伍建设的现状

（一）师资队伍结构不合理，同质化现象严重

目前，我国很多高校的英语教师队伍的现状是：一所高校中大部分的英语教师都是毕业于同一个学校，这样就会使高校出现了严重地师资队伍同质化现象，这种现象会给英语教学带来很多负面的影响。这是因为同一所高校的学生的思维方式比较相近、学术思路以及教学理念等都比较相近，因而毕业于同一所高校的教师会有相似的教学思路、理念等，这十分不利于教学创新，也不利于教师创造性思维的开发。除此之外，在窝沟很多高校的英语教师队伍中，具有丰富教学经验的年龄比较长的教师数量相对比较少，而年轻的教师的数量则相对比较多，这就使得高校的英语教师队伍呈现出一种年轻化的趋势。

（二）英语教师的专业知识不足

在高校教育改革中，师资队伍建设是关键。随着我国经济社会的发展，英语教育受到越来越广泛的重视，人们的英语水平也在逐步提高。但是，相对于经济全球化的发展，目前我国高校英语教师的整体专业知识水平相对较低。与专业课教师相比，高校英语教师的科研成果较少，他们中有些人不知道如何撰写教学研究论文，不知道如何申请科研项目和撰写科研报告，不知道如何做教学实验，更难以借助科学的统计分析方法将自己在教学中的发现形成文字，与同行交流、切磋，这都或多或少地影响了高校英语教师教学水平的提升以及英语教学的发展。同时，相对较少的科研成果又反过来影响了高校英语教师的职称晋升，这导致大学英语专业具有教授、副教授职称的教师比例远远低于其他专业。

（三）英语教师的改革意识薄弱

目前，高校的英语研究不被重视，管理机构对英语教学的关注度不高，直接导致高校英语师资队伍建设工作停滞不前。高校英语教师改革意识薄弱，教学墨守成规，教学理念陈旧等，这些影响了学生对英语的学习热情，导致英语教学效果不佳。同时，我国高校英语教学领域的专家，无论是在数量上还是在质量上，都明显达不到教学课改的要求，专业、高水准的英语著作更是屈指可数。这一系列的问题都不同程度地阻碍了高校英语师资队伍的建设与完善。

（四）英语教师的教学方法单一

我国高校中英语授课方式大多是教师在讲台上进行理论知识的讲解和传授，学生坐在下面被动地接受。学生对教师的“一本教材式”的老套的教学方式早已缺乏兴趣，师生间缺少交流、互动，先进的教学设备被当作摆设，课堂效率大打折扣。长此以往，高校英语教师就会缺乏对传统教学模式革新的动力，也不会主动提升自身的专业能力与综合素质，这对高校新课改背景下师资队伍的建设十分不利。与此同时，随着大学生数量的日益增多，有相当一部分高校存在英语教师师资力量严重不足的状况。

（五）教师教学任务繁重，在职培训缺乏

近年来，高校扩招导致英语教师一方面面临着繁重的教学任务，另一方面又缺乏科学、专业的在职培训，没有机会接触和运用前沿的教学思想及理论，这就势必出现高校英语教师一直沿用陈旧的教学理念指导教学实践的现象。虽

然大多数高校教师上岗前都会接受短暂的上岗培训，但培训内容多为心理学、教育学等方面的知识，脱离了英语教学的实践性和特殊性。同时，我国大学英语课程多以听、说、读、写为主，教学模式和教材运用都较为固定，这在无形中进一步导致教师的创新力不足。高校英语教师的专业化发展是一个漫长的过程，高校可以用反思型教育培训方式取代传统的教师培训方式，使高校英语教师在培训中通过不断反思和研究将培训理论转化为自身的授课实践，从而促进高校英语师资队伍的成长和建设。

二、高校英语师资队伍建设的必要性分析

（一）大众化趋势推行的客观发展要求

目前英语是国际社会的第一语言，高校为适应社会发展，培养专业的大学英语教师团队是大势所趋。20 世纪 90 年代，随着“科教兴国”战略的实施，高校教育逐步大众化，高校英语学科也不例外。加强高校英语师资力量建设的专业化，不仅能为高校提供良好的英语发展环境，而且还能提高高校学生的整体素质。高等教育大众化能从根源上解决以高校专业课为主的规划背景下英语教学质量下降和师资队伍不健全等重大问题，更好地推进高校英语教育的持续发展。

（二）高校教育国际化的必由之路

大学英语对于高校建设起着至关重要的作用，但我国高校的英语教学体系仍存在诸多问题，与国际化教育有一定的差距。目前我国高校英语教师普遍缺乏国外进修经验，且对其他领域的知识涉猎少，缺乏国际视野，这些英语教师在授课时内容单一，很难高度地吸引学生的注意力，这就间接导致教育出来的学生英语素养较低。因此，高校应该强化英语教育使之与世界接轨，促进高校英语教育的国际化。

（三）英语师资队伍可持续发展的要求

目前我国高校普遍注重专业课教学，忽视学生英语学习，同时高校英语教学团队建设也得不到学校的重视，导致高校英语师资队伍建设存在队伍结构不合理、科研水平落后、人才流失等问题。高校英语教师学历整体偏低，虽然近些年来提高了高校教师的招聘门槛，但学历高、经验丰富的教师仍然占少数；教学机制不健全，教师缺乏紧迫感，导致教师放任自流，缺乏进取心，不重视自身素质的提高。高校英语师资队伍亟待科学化、合理化，以促进英语师资队

伍的可持续发展。

三、高校英语师资队伍建设的策略

（一）以教学为中心，坚持教学科研并重

对于我国大多数高校的英语教师而言，他们在学校的首要任务就是开展英语的教学活动，这也是其工作的重中之重。在顺利地完成英语教学工作的基础之上，英语教师还需要抽出一定的时间和精力来从事英语的科研项目，从而加深英语的研究深度。这二者都很重要，需要英语教师在英语教学中坚持教学和科研并重的策略。换句话说，在实际的英语教学中，英语教师一定要正确地看待和处理好教学和科研之间的关系，既不要只重视教学工作，也不要只重视科研工作，而是要寻求教学和科研之间的一种平衡的关系，从而达到最好的教学效果和科研效果。

（二）加强人才引进与培养，构建结构合理的师资队伍

由于目前我国很多高校的英语教学中出现了学术同质化的现象，因而这就需要高校要不断地优化英语教师的人才引进渠道，从多样化的渠道引进或者培养英语教师，从而凸显教师的个性特征，拓宽教师的视野，并构建一种合理的英语教师的队伍结构。

（三）以绩效考核为抓手，采取多元评价方式

在英语教学中，教学评价是重要的组成部分，具有重要的价值和意义。众所周知，我国传统的英语教学评价方式相对比较单一，这种“唯成绩论”的教学评价方式存在很多弊端，它也很难客观公正地评价一个学生的真实学习情况。因而高校需要重新调整和改革绩效考核的方式，并且努力地使用多元化的英语评价方式，从而使评价更加客观、准确。

（四）提高教师待遇，稳固教师队伍

高校应当提高英语教师的福利待遇，多关照在校英语教师的切身利益，如职称、待遇、薪资等实际问题，从而激发英语教师的工作热情和创造力，增强其归属感。对现有高校英语师资队伍待遇的改善还将吸引一些高素质、高水平的英语教育人才，使他们积极主动地加入高校英语教师的队伍中来。同时，高校应建立健全相应的规章制度，确保师资队伍中的每个人都能切实感受到学校的关怀和认可，建立学生评价、学校评价及相互评价的评教制度，促进高校英

语师资队伍的教学水平不断提升。

（五）采用信息化的教学模式

高校英语教师要想提升综合素质，他们就必须要转变传统的英语教学理念，学习新的教学理念，并且不断地尝试和运用创新的英语教学手段，从而提升学生的英语学习积极性。此外，在实际的英语课堂教学中，教师应该在条件允许的情况下充分地运用信息化的教学模式，适当地运用多媒体技术手段，在讲解书本知识的基础上结合信息化多媒体教学手段，充分发挥先进信息技术的优势，构建个性化高校英语学习模式，培养学生英语综合能力的发展。激发学生的学习兴趣，使多媒体教学设施更好地发挥其辅助教学的作用。为实现这一目标，高校也应加强对英语教师多媒体应用技术的培训，建立自主学习的互联网平台，达到更好的教学目的。

（六）引入优胜劣汰机制

高校应正确引导英语教师团队的建设，建立科学、规范的管理机制，这样才能确保高校英语教学改革的有效实施。在规范制度的同时，高校也应充分尊重英语教师的地位，并鼓励英语教师在日常教学工作中不断创新，进一步在综合知识和专业素养上自我完善；应营造轻松、自由的校园环境，让教师能在和谐的氛围中自由发展；要对缺乏进取心和责任感的教师进行及时劝导和教育，完善优胜劣汰的教育机制。同时，高校英语教师也应自觉、主动地更新教学理念，调整教学方法，创新教学手段，改善教学策略，致力于培养和发展学生的自主学习能力，全面提升学生的综合素质，以达到所培养的学生能适应就业市场对英语人才的需求，不被社会所淘汰的目的。

新课改背景下，高校英语师资队伍建设应以提高教师整体素质为中心，以培养优秀骨干为着手点，逐步完善高校英语教师队伍建设，保证英语教学师资队伍的可持续发展。总之，高校英语师资队伍建设是一项复杂而艰巨的工程，是提高高校英语教学质量和促进高校人才培养的关键。只有不断探索新课改背景下英语师资队伍建设的各种途径，才能切实提高高校英语教师的教学水平，从而促进高校人才的全面发展。

第四节　信息化时代英语教师的发展性评价

一、发展性评价的基础知识

（一）发展性评价的内涵

在我国传统的教学评价中，评价者比较重视教学评价的奖励和惩罚功能，这也会对教学评价产生一些消极的影响。因而在这种背景下，研究者提出了一种比较新颖的教学评价形式，那就是发展性评价。发展性评价和传统教学评价方式的显著差异就是它强调评价者应该把教学评价和奖惩分离开来，然后在此基础之上来促进教师的专业成长，并最终完成学校制定的各项教学目标，其具体包含如下两个方面的内容：

第一，发展性评价并不是凭空产生的，它是在人们熟悉的形成性评价的基础之上产生并且发展起来的。需要强调的是，发展性评价和形成性评价之间还是存在一定的差异，它们在评价的过程中有不同的侧重点。其中，形成性评价重视的教师的工作改进，而发展性评价则重视教师的个体发展。

第二，发展性评价在评价的过程中不仅比较看重评价的结果，它也十分看重评价之中的各个过程以及各个环节，从而在这个过程中促进教师的专业发展，使教师能够更加清晰地认识自我，找出自己的优点和不足，从而促使教师做出相应的调整。

（二）发展性评价的基本特征

1. 重视教师的主体地位

在我国传统的教学评价模式里面，教师往往也是被评价的对象，因而很多时候他们也是处于一种被动的状态之中。虽然有的时候教师也会进行一定的自评或者和其他教师之间进行互评，然而在这些情况中教师都还没有成为真正的评价主体。换句话说，在传统的评价模式里面，评价者与被评价者二者之间的关系是一种不平等的关系。需要强调的是，发展性评价具有较强的目的性，它评价的重点在于促进教师的专业发展，因而其要求在具体的评价过程中一定要鼓励评价主体多元化，从而使评价更加客观公正，同时也能够激发教师的热情和积极性，这也是十分重要的因素。

第一，在发展性评价中，教师不再是被动的被评价者，他们也是教学评价的积极参与者，他们与评价者之间也是一种十分平等的关系。在具体的评价开展之前，评价者会提前向所有参与评价的教师公开这次教学评价开展的目标、具体内容、使用的标准以及评价的具体方法和程序等内容，这样每个教师在开展评价之前都已经了解了这些基本的评价信息，并且他们也十分认同和认可这些评价的方法、程序等，这样评价就会更加公开透明、教师的心里也会更加有数。

第二，在发展性评价中，教师一定还要经常进行自我评价和自我反思，这也是十分重要的环节。对于教师个体而言，他们只有通过自我评价和自我反思，他们才能够更加清晰地认识自己在教学中存在的问题以及疏漏，才能够及时地调整自己的教学方式和策略等。

2. 尊重教师个体差异

众所周知，不同的个体之间存在个体差异，教师也不例外。不同的教师个体之间也存在较大的差异，因而评价者在开展教学评价的过程中一定要重视教师个体之间的差异，并且在承认差异的基础之上开展教学评价。在我国传统的教学评价模式里面，评价者通常都是开展一种常模参照性评价，即评价者根据一个制定好的统一标准对教师进行评价和等级划分，这种评价方式存在很多弊端，也会严重地打击英语教师的自信心和积极性。此外，不同的教师有不同的个性，而且他们会有不同的成长轨迹等，这些都需要评价者考虑。

在具体的发展性教学评价中，评价者在评价时有充分地考虑了教师个体之间存在的差异，他们不仅承认教师个体之间的差异，同时尊重不同的教师个性，允许不同的教师有不同的发展方向、不同的专业成长方式等。总之，发展性评价就是要求评价者根据每个教师的实际情况采用不同的评价标准和评价方式，从而开展差异性的评价。很明显，差异性的评价具有很多优势，它更加能够真实地反映每个教师的实际教学情况，同时会更加准确和科学。具体分析而言，评价者在开始实施评价之前需要了解每个教师的真实情况，包括每个教师的教学风格、特点、教学瓶颈以及优缺点等，这样他们就可以很好地帮助教师，就可以为教师的专业成长提供有效的帮助。在具体开始评价之前，评价者要充分的引导教师分析自我、认清自我，从而制定出符合自身特点以及能力的教学发展目标。在此基础之上，学校就应该尽量地为教师的发展提供和创设必要的条件，从而促进教师的专业发展。在评价技术的层面上，评价者可以使用多种不同的评价方式，如案例分析法以及个案评价法等，这样可以使评价更加具体且全面。总之，发展性评价的标准更加多元化，更加重视教师个体的成长和发展等，因而这种评价方式值得推广。

二、教师发展与发展性评价的关系

我国关于高校教师这一群体的研究始于 20 世纪末，初期研究主要关注教师队伍建设及教师管理。进入 21 世纪，研究内容从师资队伍建设和教师管理扩展到更广泛的空间，包括高校教师培养、培训、进修、评价与评估激励机制，教师素养、能力、责任与义务等多方面。教师发展包括以下四个特征：实践性和情景性、专业性和内在性、持续性和过程性、结构性和生成性。

发展性评价这种新颖的教学评价形式兴起于西方的国家，它的兴起和发展时间大约为 20 世纪的 80 年代。发展性评价具有重要的现实意义，这种教学评价方式不仅可以有效地提升学科教育的质量，它同时重视教师的专业发展，重视教师个体的成长以及发展。它的主要特征具体体现在如下几个方面：第一，高校的管理者十分看重教师的成长和发展规划；第二，高校在开展教学评价时十分强调评价一定要真实且准确；第三，评价重视探讨教师多个不同层面的价值；第四，鼓励不同的教师之间开展相互的评价；第五，重视激发和提升每个教师的积极性；第六，要制定一种教师和评价者二者都可以接收且充分认可的评价计划，这样才会使评价更加顺利，才会引起教师的高度重视。

由以上教师发展和发展性评价的定义和特征可以看出，这两个概念既有共同点又互为补充。它们的共同点体现在：产生和发展的背景极为相似；以教师管理为主要内容；目的都是为了提高教学质量；以教师的个人发展作为关注点；具有持续性，既注重结果又注重过程。二者的互补关系体现在：发展性评价是教师发展的手段和内容之一；教师发展比发展性评价的内容更为广阔，为有效地实现发展性评价提供了保障；发展性评价由于关注全体教师的发展和教师间的和谐关系，为实现教师个人发展提供了广阔的空间。因此，将教师发展与发展性评价结合起来研究是具有可行性和实践意义的。

三、推进高校英语教师发展性评价的策略

（一）加强对教师发展性评价的重视

高校要加强对教师评价尤其是发展性评价的了解和重视，从而为制定切实可行的教师发展规划打好基础。教师对自己授课质量的评价仅凭有限的教学经验和自我感觉，对于提高教学质量、从而进行职业规划有害无益。必须加强教师对发展性评价的了解和重视，在此基础上，制定教师的发展规划，包括教师的个人发展、专业发展、教学发展和组织发展。

（二）完善教师评价指标体系，严格执行教学评价

高校需要针对不同的课程设定不同的指标，针对本院特点制定具有独立学院特色的教学评价指标体系。教学评价衡量标准和指标措辞尽量做到具体、明确、可操作。同时，做到既严格执行教学评价，又能激励教师的积极性。

（三）弱化奖惩性评价，加强发展性评价的有效性

奖惩性评价虽然在一定程度上激发了教师的积极性，但由于其僵化的量化标准及延续性的缺失，容易导致教师的功利心理、影响评价的公平性及教师之间的关系。而发展性评价以教师发展为目的，宽松的教学环境更利于教师尤其是青年教师的成长。但由于发展性评价的要求较高，需要长时期投入专业的人力、物力，以及学校从上至下的协作，操作起来比较困难。因此，有效实施发展性评价就要加强其可操作性。首先，从上至下要克服功利心理、认识到发展性评价的重要性；其次，学校管理层要聘请专业的人员进行指导，并投入一定的经费，合理确定发展性评价的指标体系、建立教师档案、开展教师之间、督导与教师、师生等层次的协商对话等。

（四）发挥教学评价主体的主观能动性

教学评价的主体中最直接的是学生，最专业的是督导和同行。但实际执行过程中，以上教学评价的主体并没有充分发挥作用。因此，高校需要有针对性地细化评价规定，如针对不同的评价主体制定不同的评价指标，对学生进行适当的引导，针对不同的学科聘请督导，规定在教研中进行同行评课。评价之后尽量创造机会让评价主体与被评价人进行平等的对话，只有创设和谐的师生关系和教学研究氛围，才能更有效地改善评价效果、促进教师发展。

（五）培养教师的自评意识

教师评教中最不受重视的是自评。由于认识不到自评的作用，同时受到本身条件的限制，自评在独立学院教师评价体系中可有可无，自评对于教师发展的作用微乎其微。然而，自评是促进教师发展的内因。教师的发展固然要靠外因，但内因才是促进发展的动力。因此，从学校领导到教师本身都要提高对自评的重视，并将教学反思、撰写教学日志或进行其他教学自评活动进行一定的量化，以帮助教师进行自我发展和实现自我价值。

（六）拓宽进修培训渠道

教师进修培训的渠道，除了常规到更高等的学校进修培训，还可以将范围拓宽到社会各界，以帮助教师实现发展。例如，教师到企业进修，帮助教师掌握实践教学的技能、培养双师型教师。又如教师与国外学校开展教师交流，便于教师学习国外先进的教学模式等。

参考文献

[1] 常俊跃. 基于内容语言融合教育理念的英语专业课程体系及教学改革探索 [M]. 北京：北京大学出版社，2020.

[2] 陈金凤，雷昕. 微信在大学英语教学中的应用探析 [J]. 现代英语杂志，2021 (2).

[3] 范茂. 开展合作学习提高大学英语教学质量 [J]. 产业与科技论坛，2019 (12).

[4] 方童君. 微信辅助大学英语教学初探 [J]. 现代英语杂志，2021 (4).

[5] 嘎布热. 慕课在大学英语教学中的应用与实践 [J]. 黑龙江教育学院学报，2018，37 (12).

[6] 葛诗利. 面向大学英语教学的通用计算机作文评分和反馈方法研究 [M]. 上海：上海外语教育出版社，2015.

[7] 郭澂. 试论以“翻转课堂”促进大学英语课堂教学改革 [J]. 兰州教育学院学报，2015，31 (11).

[8] 胡月月，梁端俊. 微课在大学英语教学中的应用探究 [J]. 滁州学院学报，2015，17 (6).

[9] 姜雪. 系统功能语言学理论在英语阅读教学中的应用 [J]. 英语广场，2021 (12).

[10] 雷丽玉. 系统功能语言学在大学英语教学中的应用 [J]. 文学刊 · 外语教育教学，2013 (3).

[11] 李红英. 新课改背景下的高校英语师资队伍建设 [J]. 教育与职业，2016 (7).

[12] 李晓玲. 大学英语教学方法研究 [M]. 西安：陕西科学技术出版社，2020.

[13] 李琰. 从社会语言学角度看英语教学 [J]. 长春理工大学学报，2010，5 (10).

[14] 李永芳. 翻转课堂在大学英语教学改革中的应用探索 [J]. 新课程（下），2016 (4).

[15] 李友良. 英语学习策略与自主学习 [M]. 上海：上海交通大学出版社，2011.
[16] 梁娜. 社会语言学基本理论在大学英语教学中的应用 [J]. 中国电力教育，2009 (4).
[17] 梁文. 微课环境在大学英语教学中的应用与思考 [J]. 黑龙江高教研究，2016 (2).
[18] 刘俊杰. 新媒体与大学英语教学的融合及应用探究 [M]. 北京：北京工业大学出版社，2019.
[19] 刘燕萍. 基于建构理论的信息感悟能力的培养 [J]. 现代情报，2006 (4).
[20] 刘友春. 外语教学与二语习得的关系研究 [M]. 延吉：延边大学出版社，2018.
[21] 罗俊，李树枝，侯丽梅. 基于高效课堂视角下的英语教学研究 [M]. 青岛：中国海洋大学出版社，2018.
[22] 吕华萍. 试论初中生英语探究学习能力的培养 [J]. 校园英语，2019 (21).
[23] 牛文文. 语料库语言学指导下高校英语语言教学研究 [J]. 教育现代化，2019 (13).
[24] 欧小艳，吴传珍，汪玲. 基于语言学理论的英语教学策略研究 [M]. 天津：天津科学技术出版社，2019.
[25] 彭立飞. 大学英语教学中合作学习的有效性与创新性 [J]. 魅力中国，2020 (20).
[26] 钱满秋. 现阶段大学英语教学改革研究 [M]. 北京：北京理工大学出版社，2017.
[27] 舒婧娟，汪萍，鲁春林. 基于多维视角下的英语教育模式研究 [M]. 青岛：中国海洋大学出版社，2019.
[28] 舒晓兰. 试论微课在大学英语教学中的作用 [J]. 海南师范大学学报，2015，28 (8).
[29] 孙英凤. 高中语文教学与写作研究 [M]. 北京/西安：世界图书出版公司，2017.
[30] 王磊. 高校英语教学转型发展研究 [M]. 长春：吉林人民出版社，2019.
[31] 王晓彤. 语料库语言学在大学英语教育中的应用 [J]. 现代英语杂志，2021 (16).
[32] 王秀珍，徐江，张琼尹，孙言. 外语教学理念与模式创新研究 [M]. 武汉：武汉大学出版社，2011.
[33] 王之江，沈昌洪，程亮. 探究学习在英语教学中的应用 [M]. 北京：首都师范大学出版社，2005.

[34] 魏琼华. 合作学习策略在大学英语教学中的应用研究 [J]. 教育现代化, 2018 (20).
[35] 武书敬, 房立敏, 刘海远, 等. 信息时代我国英语教师发展研究 [M]. 天津: 天津教育出版社, 2011.
[36] 徐雪元. 大学英语教学改革实践 [M]. 长春: 吉林出版集团股份有限公司, 2020.
[37] 徐莹. 系统功能语言学在大学英语写作教学中的应用 [J]. 科技资讯, 2013 (31).
[38] 许智坚. 多媒体外语教学理论与方法 [M]. 厦门: 厦门大学出版社, 2010.
[39] 许智坚. 计算机辅助英语教学 [M]. 厦门: 厦门大学出版社, 2015.
[40] 闫洪勇. 大学英语教学与教师专业发展研究 [M]. 西安: 西安交通大学出版社, 2017.
[41] 杨朝娟. 英语网络课堂教学模式与方法研究 [M]. 西安: 西安交通大学出版社, 2017.
[42] 杨怀恩, 刘明宇. 法商英语与大学外语教研论文集 [M]. 北京: 知识产权出版社, 2016.
[43] 于辉. 当代大学英语教学改革多元化趋势研究 [M]. 长春: 吉林大学出版社, 2018.
[44] 袁昌寰. 计算机辅助英语教学 [M]. 北京: 人民教育出版社, 2001.
[45] 张典兵, 马衍. 教师专业成长研究引论 [M]. 北京: 光明日报出版社, 2013.
[46] 张力. "线上教学" 背景下项目教学法在大学英语自主学习中的实践研究 [J]. 吉林省教育学院学报, 2021 (9).
[47] 张瑞. 翻转课堂模式下的大学英语教学改革研究 [J]. 高等教育, 2015 (11).
[48] 赵冰. 慕课时代大学英语教学面临的机遇与挑战 [J]. 英语广场, 2017 (1).
[49] 钟铭玉. 试论语料库语言学在英语教学中的应用 [J]. 文学教育, 2014 (1).
[50] 钟晓红, 马菡. 新世纪大学英语教学探索 [M]. 成都: 四川大学出版社, 2015.
[51] 周晓航. 大数据时代外语教师发展研究 [M]. 北京: 现代出版社, 2019.
[52] 朱文宣. 从发展性评价视角探索应用型高校英语教师发展 [J]. 教育与职业, 2014 (17).
[53] 邹湘怡. 系统功能语言学理论在大学英语教学中的应用研究 [J]. 英语广场, 2021 (34).